Réussite scolaire, Faillite Sociale

Généalogie mentale de la crise

de l'Afrique Noire Francophone

Albert Azeyeh

Langaa Research & Publishing CIG
Mankon, Bamenda

Publisher:
Langaa RPCIG
Langaa Research & Publishing Common Initiative Group
P.O. Box 902 Mankon
Bamenda
North West Region
Cameroon
Langaagrp@gmail.com
www.langaa-rpcig.net

Distributed outside N. America by African Books Collective
orders@africanbookscollective.com
www.africanbookscollective.com

Distributed in N. America by Michigan State University Press
msupress@msu.edu
www.msupress.msu.edu

ISBN: 9956-616-27-3

© Albert Azeyeh 2010

DISCLAIMER

All views expressed in this publication are those of the author and do not necessarily reflect the views of Langaa RPCIG.

Titles by *Langaa* RPCIG

Francis B. Nyamnjoh
Stories from Abakwa
Mind Searching
The Disillusioned African
The Convert
Souls Forgotten
Married But Available
Intimate Strangers

Dibussi Tande
No Turning Back. Poems of Freedom 1990-1993
Scribbles from the Den: Essays on Politics and Collective Memory in Cameroon

Kangsen Feka Wakai
Fragmented Melodies

Ntemfac Ofege
Namondo. Child of the Water Spirits
Hot Water for the Famous Seven

Emmanuel Fru Doh
Not Yet Damascus
The Fire Within
Africa's Political Wastelands: The Bastardization of Cameroon
Oriki'badan
Wading the Tide
Stereotyping Africa: Surprising Answers to Surprising Questions

Thomas Jing
Tale of an African Woman

Peter Wuteh Vakunta
Grassfields Stories from Cameroon
Green Rape: Poetry for the Environment
Majunga Tok: Poems in Pidgin English
Cry, My Beloved Africa
No Love Lost
Straddling The Mungo: A Book of Poems in English & French

Ba'bila Mutia
Coils of Mortal Flesh

Kehbuma Langmia
Titabet and the Takumbeng
An Evil Meal of Evil

Victor Elame Musinga
The Barn
The Tragedy of Mr. No Balance

Ngessimo Mathe Mutaka
Building Capacity: Using TEFL and African Languages as Development-oriented Literacy Tools

Milton Krieger
Cameroon's Social Democratic Front: Its History and Prospects as an Opposition Political Party, 1990-2011

Sammy Oke Akombi
The Raped Amulet
The Woman Who Ate Python
Beware the Drives: Book of Verse
The Wages of Corruption

Susan Nkwentie Nde
Precipice
Second Engagement

Francis B. Nyamnjoh & Richard Fonteh Akum
The Cameroon GCE Crisis: A Test of Anglophone Solidarity

Joyce Ashuntantang & Dibussi Tande
Their Champagne Party Will End! Poems in Honor of Bate Besong

Emmanuel Achu
Disturbing the Peace

Rosemary Ekosso
The House of Falling Women

Peterkins Manyong
God the Politician

George Ngwane
The Power in the Writer: Collected Essays on Culture, Democracy & Development in Africa

John Percival
The 1961 Cameroon Plebiscite: Choice or Betrayal

Albert Azeyeh
Réussite scolaire, faillite sociale : généalogie mentale de la crise de l'Afrique noire francophone

Aloysius Ajab Amin & Jean-Luc Dubois
Croissance et développement au Cameroun :
d'une croissance équilibrée à un développement équitable

Carlson Anyangwe
Imperialistic Politics in Cameroun:
Resistance & the Inception of the Restoration of the Statehood of Southern Cameroons
Betrayal of Too Trusting a People: The UN, the UK and the Trust Territory of the Southern Cameroons

Bill F. Ndi
K'Cracy, Trees in the Storm and Other Poems
Map: Musings On Ars Poetica
Thomas Lurting: The Fighting Sailor Turn'd Peaceable / Le marin combattant devenu paisible
Soleil et ombre

**Kathryn Toure, Therese Mungah
Shalo Tchombe & Thierry Karsenti**
ICT and Changing Mindsets in Education

Charles Alobwed'Epie
The Day God Blinked
The Bad Samaritan
The Lady with the Sting

G. D. Nyamndi
Babi Yar Symphony
Whether losing, Whether winning
Tussles: Collected Plays
Dogs in the Sun

Samuel Ebelle Kingue
Si Dieu était tout un chacun de nous ?

Ignasio Malizani Jimu
Urban Appropriation and Transformation: bicycle, taxi and handcart operators in Mzuzu, Malawi

Justice Nyo' Wakai
Under the Broken Scale of Justice: The Law and My Times

John Eyong Mengot
A Pact of Ages

Ignasio Malizani Jimu
Urban Appropriation and Transformation: Bicycle Taxi and Handcart Operators

Joyce B. Ashuntantang
Landscaping and Coloniality: The Dissemination of Cameroon Anglophone Literature

Jude Fokwang
Mediating Legitimacy: Chieftaincy and Democratisation in Two African Chiefdoms

Michael A. Yanou
Dispossession and Access to Land in South Africa:
an African Perspevctive

Tikum Mbah Azonga
Cup Man and Other Stories
The Wooden Bicycle and Other Stories

John Nkemngong Nkengasong
Letters to Marions (And the Coming Generations)
The Call of Blood

Amady Aly Dieng
Les étudiants africains et la littérature négro-africaine
d'expression française

Tah Asongwed
Born to Rule: Autobiography of a life President
Child of Earth

Frida Menkan Mbunda
Shadows From The Abyss

Bongasu Tanla Kishani
A Basket of Kola Nuts
Konglanjo (Spears of Love without Ill-fortune) and
Letters to Ethiopia with some Random Poems

Fo Angwafo III S.A.N of Mankon
Royalty and Politics: The Story of My Life

Basil Diki
The Lord of Anomy
Shrouded Blessings

Churchill Ewumbue-Monono
Youth and Nation-Building in Cameroon: A Study of
National Youth Day Messages and Leadership Discourse
(1949-2009)

Emmanuel N. Chia, Joseph C. Suh & Alexandre Ndeffo Tene
Perspectives on Translation and Interpretation in
Cameroon

Linus T. Asong
The Crown of Thorns
No Way to Die
A Legend of the Dead: Sequel of *The Crown of Thorns*
The Akroma File
Salvation Colony: Sequel to *No Way to Die*
Chopchair
Doctor Frederick Ngenito

Vivian Sihshu Yenika
Imitation Whiteman
Press Lake Varsity Girls: The Freshman Year

Beatrice Fri Bime
Someplace, Somewhere
Mystique: A Collection of Lake Myths

Shadrach A. Ambanasom
Son of the Native Soil
The Cameroonian Novel of English Expression:
An Introduction

Tangie Nsoh Fonchingong and Gemandze John Bobuin
Cameroon: The Stakes and Challenges of Governance and
Development

Tatah Mentan
Democratizing or Reconfiguring Predatory Autocracy?
Myths and Realities in Africa Today

Roselyne M. Jua & Bate Besong
To the Budding Creative Writer: A Handbook

Albert Mukong
Prisoner without a Crime: Disciplining Dissent in
Ahidjo's Cameroon

Mbuh Tennu Mbuh
In the Shadow of my Country

Bernard Nsokika Fonlon
Genuine Intellectuals: Academic and Social
Responsibilities of Universities in Africa

Lilian Lem Atanga
Gender, Discourse and Power in the Cameroonian
Parliament

Cornelius Mbifung Lambi & Emmanuel Neba Ndenecho
Ecology and Natural Resource Development
in the Western Highlands of Cameroon: Issues in Natural
Resource Managment

Gideon F. For-mukwai
Facing Adversity with Audacity

Peter W. Vakunta & Bill F. Ndi
Nul n'a le monopole du français : deux poètes du
Cameroon anglophone

Emmanuel Matateyou
Les murmures de l'harmattan

Ekpe Inyang
The Hill Barbers

JK Bannavti
Rock of God *(Kilàn ke Nyiëy)*

Godfrey B. Tangwa (Rotcod Gobata)
I Spit on their Graves: Testimony Relevant to the
Democratization Struggle in Cameroon

Henrietta Mambo Nyamnjoh
"We Get Nothing from Fishing", Fishing for Boat
Opportunies amongst Senegalese Fisher Migrants

Bill F. Ndi, Dieurat Clervoyant & Peter W. Vakunta
Les douleurs de la plume noire : du Cameroun
anglophone à Haïti

Sommaire

Avant propos .... *ix*
Corpus .... *xv*

Chapitre 1
École et conflit hégémonique

L'École et l'échec de réinterprétation de la tradition
    locale de la culture 1
    Alibi d'une imposture 2
    Productivité ou ambiguïté : ambivalence
        du discours scolaire 3

Investissement ideologique et illusion de savoir 7
    École de la nécessité, compromis d'arrière-pensées
        insatisfaites 10
    Enseignement, convertisseur d'essences 12
    Dépossession mentale et démobilisation morale 14

Stérilisation des régimes pédagogiques d'auto-promotion 16

Chapitre 2
L'École comme enjeu stratégique dans l'imaginaire
et dans l'histoire

L'imaginaire 23
    L'École et la crise de la tradition : vision poétique 23
    Le livre et la gestion de la crise villageoise :
        fonction politique 28
    Lecture et réinvestissement mythologique 34

L'histoire 41
    La demande sociale de l'École en France 41
    La nuisance sociale de l'École en colonie 49

Chapitre 3
Enseigner sans instruire : le livre d'idéologie

Une pédagogie introuvable 71

Une École hostile à la science 81

De la catharsis à l'exorcisme par l'instruction : le détour
théorique par l'éthique 89
    La morale et la raison dans l'imaginaire et
    dans l'histoire 91

Chapitre 4
Réussite scolaire, faillite sociale

Barbarie et civilisation : l'exploitation déguisée
en altruisme 101
    Double dénonciation politique et pratique de
    l'illusion idéologique 109

De la sauvagerie au progrès : la réactivation de
l'idéologie en texte 113

Le redoublement idéologique du texte de lecture 121

Chapitre 5
Enseigner et détruire : le livre de psychagogie

Axiomatique 139
    Une distinction sans considération 140

Divorce entre l'enseignement et la culture, facteur de
démoralisation 147
    Particularités de la tradition herméneutique
    indigène 149
    Caractéristiques de la tradition et de
    l'horizon herméneutiques en Europe 153
    Ajournement d'une réponse et choc
    d'une rencontre 158

Conversion d'une certitude en vérite et fossilisation
de l'autre culture 163

L'enfant scolaire, noeud de surdéterminations : Hypothèse
    théorique 166
    Effet de retentissement des reflets brisés
        par la ruse du rhéteur 168

L'École, voie de rédemption et de reddition :
    énigme d'une ambivalence 174
    La voie proverbiale et les archives du labyrinthe 177
    Rupture du fil d'Ariane 182
    Méconnaissance d'une culture, facteur de
        blocage des processus cognitifs de l'enfant 187

Chapitre 6
La chaise vide du père et l'ébranlement du sujet
Fiction théorique d'une liaison - déliaison recommencée :
    Le syndrome a.c.i.d. 201
    Syntonie primitive de l'enfant de village et
        surdétermination de l'angoisse en milieu scolaire ... 204
    Aspiration scolaire et polarité de la castration 206
    Entrée dans l'infériorité 209

Principes de fonctionnement du syndrome et modèles
    de dépendance 210
    Mort imaginaire du Père et substitution du
        commencement à l'origine 213
    Éléments pour une éventuelle récollection de
        l'Image du Moi 215

Aperçu bibliographique 223

Avant propos

L'ouvrage qui suit représente l'ultime développement d'une enquête amorcée voilà un peu plus de trente ans par l'auteur sur une archéologie du savoir du Nègre francophone d'Afrique. Les développements – en cours de publication – qui l'ont précédé s'efforçaient d'analyser, d'une part, la dépréciation que le discours scolaire opère à l'encontre de l'origine sociale familiale de l'enfant qu'il instruit à y répugner ; d'autre part, le conditionnement mental de cet enfant scolaire désaccordé à son régime initial, et qui va générer un adulte extraverti sous les espèces de l'« Africain évolué ».

Car deux séries de manuels de lecture française ont principalement concouru, pendant un demi-siècle à peu près, à la double programmation de la répulsion de soi et de l'attraction par l'autre caractéristique des élites francophones d'Afrique noire : la collection des Frères missionnaires Macaire et Grill, demeurée quasi invariante jusqu'aux Indépendances qui l'ont rendue caduque alors ; mais surtout celle de *Mamadou* et *Bineta* d'André Davesne, soit auteur unique (livres des cours primaires élémentaires), soit en collaboration avec J. Gouin (livre des cours moyens et supérieur).

Produite par deux fonctionnaires, plus impliqués que des religieux dans la mouvance générale de la Métropole et de ses colonies, la collection dite de *Mamadou* et *Bineta* a connu deux versions caractéristiques. La première s'enseigna des années 1920 aux années 1940, et concourut à la formation des générations initiales d'élites scolaires coloniales auxquelles elle inculqua un réflexe d'infériorité, par le dénigrement constant de leurs traditions de la culture, en plus de la demande de reconnaissance permanente envers la France, souveraine bienfaitrice.

Inaugurée avec les années 1950, après que du passé la pratique coloniale aura eu fait table rase, la seconde version de ces manuels visait davantage le reconditionnement de l'Afrique dans le sens de la collaboration de ses populations à ce que les anthropologues nomment aujourd'hui l'*endocolonisation*. Celle-ci se résumait alors en un discours scolaire incitant à la production et à la consommation de rente au profit de la métropole, souveraine marchande, qui avait perdu de sa superbe par le fait de l'effort de guerre aussi bien que des revendications intempestives et coûteuses de l'Indochine et du Maghreb.

Ces diverses programmations de livres de lecture en fonction de l'opportunité du moment nous ont semblé mériter d'être déchiffrées à la lumière des discours politiques et des circulaires officielles. Cela, presque un siècle après leur initiation, dans le souci de rendre intelligible le type africain d'homme issu de l'institution scolaire française en colonie. Il s'agissait de remonter l'itinéraire parcouru, à travers leurs lectures en classe, par des générations successives d'écoliers noirs, afin de savoir à quelles sources s'était abreuvé leur imaginaire. Parti en quête de la genèse d'une mentalité collective, au lieu de l'*origine* déçue, on s'est trouvé en fin de compte en face d'un *commencement* ; ceci, en conformité avec le cycle de la généalogie contrariée.

L'École s'instaure, en effet, comme un foyer spéculaire au travers duquel sont tour à tour envisagés divers postes et pratiques de l'univers circonscrit entre les deux périmètres respectifs de la ville, centripète, et du village, centrifuge : le corps humain, le vêtement, l'habitat sont ainsi passés en revue, étiquetés, normés par un discours invariant. Ce dernier tend à dévaloriser les réponses que l'Afrique noire est susceptible d'apporter aux questions à elle posées par le monde, au profit des solutions trouvées par l'Occident à ses propres problèmes. Solutions qui sont ensuite transposées en Afrique comme les seules idoines et universelles.

Hormis le chant, la danse et ce qu'on a dit « l'excuse du conte », c'est-à-dire la production artistique, presque toutes les élaborations culturelles de l'homme noir comme son système géopolitique se trouvent affectés, dans le discours général du livre de lecture française à l'école primaire, d'un coefficient, soit de carence, soit de rareté ; mais chaque fois de dysfonctionnement et de dépréciation qui, à ce titre, appelle à l'abandon de *l'origine répulsive* en vue d'*un commencement initiatique*, seul à même de garantir d'infâmes frustrations dont l'ignorance, la misère, la maladie, la mort...

On s'aperçoit en outre qu'un travail de censure, équivalent à celui du rêve, opère de la première version aux éditions suivantes de *Mamadou* et *Bineta* : évacuation ou occultation du régime administratif spécial, de l'initiative et de l'opération françaises ; édulcoration, maquillage ou gaze de personnages typés et de tics anachroniques ; déplacement, condensation ou substitution de régimes désormais inopérants au profit d'autres jugés autrement mobilisateurs. Ce travail d'élaboration des manuels de la seule école publique atteste un effort méritoire d'adaptation à la nouvelle donne politique de l'après-guerre : il s'agit essentiellement de gommer les déterminants français de l'Afrique noire afin d'amener le Noir d'Afrique *à se faire son propre colon*, selon la formule savoureuse de Robert Delavignette.

La révision des années cinquante apparaît pour l'essentiel comme une tentative fort sympathique d'obtenir que le négro-africain prenne à son compte l'initiative du progrès et que, du statut primitif de bénéficiaire passif et reconnaissant, il devienne l'agent dynamique de son autocolonisation. L'intention (que nous avons désignée comme un processus d'*indigénisation* de la civilisation) correspond grossièrement à celle qui, au XIXè siècle, animait en France les « futures élites républicaines », lesquelles, d'après Furet et Ozouf, voulurent par l'École fournir l'État de « producteurs capables de développer la prospérité du pays ».

Cependant, pour généreux et louables que soient ces mobiles et le réajustement discursif qu'ils génèrent alors, la formule de l'injonction au progrès autonome souffre d'une tare radicale : elle s'obstine à ne pas prendre en compte, et à ne pas réinterpréter positivement les traditions de la culture des indigènes ainsi que leurs modes spécifiques d'adaptation au réel. Ce faisant, la « volonté pédagogique extrinsèque », instruisant, comme dit Gramsci, sans réciprocité, travaille à fossiliser les valeurs endogènes dans l'esprit de l'enfant, lequel se trouve écartelé entre la culture de la case et la culture de l'École. L'enseignement de cette dernière, pouvant difficilement être concrétisé en termes de réalité, se destine par suite à devenir fossile à son tour.

Quotidiennement ballotté entre les deux microcosmes antinomiques de la case et de l'École, le petit d'homme s'expose à voir sa personnalité confrontée à une situation d'angoisse si intolérable que, face à la menace persistante de castration, obligée pour survivre de choisir entre le père originel et le Nom-du-Père, elle opte commodément pour ce dernier, vouant l'autre à la mort imaginaire. Celle-ci signe la destitution de la famille, du village, de la tradition culturelle génériques en faveur du Symbolique, de la Loi coloniale dans le processus de formation de la personnalité du futur homme.

Il s'ensuit que la valeur pratique de la politique d'adaptation, qui a semblé caractériser les années cinquante et la révision des manuels de lecture française à l'école primaire en Afrique noire, est d'ordre foncièrement idéologique. Sous couleur de réhabiliter les éléments d'une tradition culturelle qu'il avait rendue au préalable fossile, le nouveau discours scolaire s'arroge une légitimité indue qui autorise ensuite l'État colonisateur à conforter son « hégémonie » impérialiste. Celle-ci consiste, par l'adhésion scolaire, à nationaliser le régime d'exploitation alors colonial, aujourd'hui néo-colonial, par la production des conditions de reproduction d'une élite dévouée et d'une main-d'œuvre bon marché, toutes deux acquises à la créance que leur mieux-être dépend principalement de la collaboration avec l'amère patrie.

Créance d'autant plus forte que l'éthique qui a déterminé la hâte fébrile des auteurs des manuels officiels à gommer la surdétermination française de ce qui subsistera de l'ex A.O.F. et de l'ex A.E.F., cette « raison d'État » fait ainsi d'une pierre deux coups : en même temps qu'elle exclut délicatement ces deux concepts des livres de lecture, elle évacue de l'esprit de l'écolier le facteur unificateur que, malgré leur incongruité, ils recelaient en puissance. Le gain politique de l'opération consiste, par l'occultation, à rendre plus acceptable aux futures élites francophones l'idée – et le fait actuel – de la balkanisation de la communauté noire d'Afrique.

Pour l'heure, désaccordé aux codes de son univers natal, incapable de concrétiser efficacement l'enseignement de l'École, l'enfant scolaire, qui a perçu avec certitude qu'elle seule pourtant décerne *le pedigree de la distinction nouvelle*, va, au meilleur des cas s'échiner à simuler l'appropriation fétichiste des modèles de savoir sans pour autant assimiler l'esprit de la civilisation nouvelle et, en tous les cas, tâcher de préserver l'intégrité de son moi en se rédimant dans une conduite de dépendance confortable qui le dispense d'entreprendre aucune action effective de peur de mal faire, comme ses aïeux prétendument improductifs, ou d'être rappelé à l'ordre établi du monde suréminent.

Mais à la vérité, eût-il été raisonnable d'exiger de l'École en colonie qu'elle assumât l'instruction dans le même moment qu'elle devait asseoir la domination de peuplades qu'elle avait pour mission d'élever et de maintenir dans le giron de la métropole, puisque celle-ci l'avait instituée et financée pour servir les intérêts de son peuple ? Comme il en va de tout système scolaire ! Comme il en va de toute colonisation ! Par contre, à moins que le syndrome A.C.I.D. (dont on a cru déceler la présence dans la constitution de l'enfant scolaire) soit à ce point virulent, comment se fait-il que, malgré la crise du marché des biens et des symboles, les élites de cette École, qui décident depuis lors en Afrique noire, n'aient pas encore jugé bon, en ce troisième millénaire, de mettre en place des stratégies discursives autrement performantes pour une autre école ? Voilà, entre plusieurs, deux questions auxquelles on veut espérer que la présente étude apportera une suite.

Car, outre la volonté académique, de savoir, notre quête s'est vue doubler d'un devoir d'urgence : la préoccupation opératoire. La nôtre tend à débarrasser les rapports de l'ex métropole et des ex colonies d'Afrique noire francophone de leur résidu malsain de complexes plus ou moins avouables, aux fins de les engager sur les voies plus efficientes de la reconnaissance et de la différence. Celles-ci seules nous semblent, en cette phase historique d'indispensable changement de paradigme, susceptibles de restaurer la confiance des peuples et d'assurer la promotion d'hommes dignes de s'appeler ainsi.

Aussi bien voici, par cette ère d'aspiration / répugnance aux ruptures, en guise de contribution à la régénération intellectuelle et morale de l'Africain que nous appelons, un constat de l'état probable des lieux tel qu'on l'aura pu relever en retournant les archives et les arcanes du labyrinthe naguère conçu selon une stratégie du détour anti-national. L'auteur veut croire que la patience qu'il aura mise à surmonter les écueils et l'ellipse intertextuels rémunère, par un intérêt au moins égal, le lecteur de cette singulière généalogie d'eunuques de la connaissance soi-disant objective.

Corpus

Manuels antérieurs à 1950

DAVESNE (A.) :
- *Syllabaire de Mamadou et Bineta*, Istra, Strasbourg-Paris, 1931.
- *Les Premières Lectures de Mamadou et Bineta*, Cours préparatoires, Istra, Strasbourg-Paris, 1934.
- *Mamadou et Bineta lisent et écrivent couramment*, Cours élémentaires, Istra, Strasbourg-Paris, 1931.

DAVESNE (A.) et GOUIN (J.) :
- *Mamadou et Bineta sont devenus grands*, Istra, Paris-Strasbourg, 1934.

GRILL (Ch. C.) :
- *Syllabaire, deuxième livret*, Les Presses Missionnaires, Issy-Les-Moulineaux, 1931.
- *Apprenons à lire*, Les Presses Missionnaires, Issy-Les-Moulineaux, 1935.
- *Livre de Lecture des Écoles africaines*, Cours préparatoire 2è Année, Les Presses missionnaires, Issy-Les-Moulineaux, 1932.
- *Livre de Lecture des Écoles africaines*, Cours Élémentaires 1ère Année, Les Presses Missionnaires, Issy-Les-Moulineaux, 1933.

MACAIRE (F.) :
- *Livre de Lecture, cours Élémentaire 2è Année / Cours Moyen 1ère Année*, Les Presses Missionnaires, Issy-Les- Moulineaux, 1934.
- *Livre de Lecture, Cours Moyen 2e Année / Cours Supérieur*, Les Presses Missionnaires, Issy-Les-Moulineaux, 1936.

Manuels postérieurs à 1950

DAVESNE (A.) :
- *Nouveau Syllabaire de Mamadou et Bineta*, Istra, Paris-Strasbourg, 1951.
- *Les Premières Lectures de Mamadou et Bineta*, Istra, Strasbourg-Paris, 1951.
- *Mamadou et Bineta lisent et écrivent couramment*, Istra, Strasbourg-Paris, 1951.

DAVESNE (A.) et GOUIN (J.) :
- *Mamadou et Bineta sont devenus grands*, Istra, Paris-Strasbourg, 1952.

GRILL (Ch. C.) :
- *Syllabaire, des Écoles africaines 1er livret*, Les Presses Missionnaires, éd. Saint-Paul, Issy-Les-Moulineaux, 1956.
- *Livre de Lecture des Écoles africaines, Cours préparatoire 2è Année*, E.S.P., I.-L.-M., 1956.
- *Livre de Lecture des Écoles africaines, Cours Élémentaire 1ère Année*, E.S.P., I.-L.-M., 1957.

MACAIRE (F.) :
- *Livre de Lecture, cours Élémentaire 2è Année/Cours Moyen 1ère Année*, Les Presses Missionnaires, Issy-Les Moulineaux, 1950.
- *Livre de Lecture, Cours Moyen 2e Année/Cours Supérieur*, Les Presses Missionnaires, Issy-Les-Moulineaux, 1955.

Si la sociologie du système d'enseignement et du monde intellectuel me paraît primordiale, c'est qu'elle contribue aussi à la connaissance du sujet de connaissance en introduisant, plus directement que toutes les analyses réflexives, aux catégories de pensée impensées qui délimitent le pensable et prédéterminent le pensé : qu'il suffise d'évoquer l'univers de présupposés, de censures et de lacunes que toute éducation réussie fait accepter et ignorer, traçant le cercle magique de la suffisance démunie où les écoles d'élite enferment leurs élus.

Pierre Bourdieu : *Leçon sur la Leçon*

Chapitre 1
École et conflit hégémonique

Outre le Tribunal qui réprime la délinquance, l'État éthique institue l'École, qui a charge d'amener la grande partie de la population civile à un degré de formation morale et culturelle compatible avec les nécessités d'efficacité des forces productives et, par conséquent, conforme aux intérêts des classes dominantes. La fonction positive de l'*École* est politique en ce sens qu'au-delà de la coercition légale, c'est elle qui forme le sujet social à consentir puis à adhérer aux modèles d'organisation de la productivité établis par la société et reconnus par l'État. Gramsci est plus précis :

> [...] un ordre légal [...] doit reposer sur une nécessité reconnue que chacun se proposerait comme liberté, et non sur la simple coercition. Le concept et le fait du travail (de l'activité théorico-pratique) est le principe éducatif immanent à l'école élémentaire car l'ordre social et étatique (droits et devoirs) est, par le travail, introduit dans l'ordre naturel et identifié à lui.[1]

L'École et l'échec de réinterprétation de la tradition locale de la culture

Opérer la transformation de la culture en nature, celle des obligations en liberté, tel est le rôle assigné à l'enseignement primaire par l'État qui conçoit et met en place l'École dans la société. En situation coloniale, la fréquentation scolaire commence par être une imposition et, même lorsqu'elle deviendra, grâce à la promotion politique qu'elle conditionne, une nécessité sociale, l'École ne cessera pas pour autant d'être perçue comme une greffe incompatible sur des systèmes culturels oraux qu'elle ne contribue ni à réinterpréter ni à redynamiser de façon intégrée et productive.

Alibi d'une imposture

La raison en est que l'État colonial repose plutôt sur la coercition que sur le consentement des populations. Aussi, en tant que pédagogie douce, l'École n'y figure-t-elle pas au principe de l'ordre à établir, puisque ce dernier s'est établi au préalable par la force. Ici, l'École représente davantage l'instrument noble auquel la force, fondée sur l'intimidation et la corruption, recourt pour se donner des allures d'honorabilité. A travers elle, le pouvoir en place recherche moins le consentement du citoyen à « *un ordre légal qui règle organiquement la vie des hommes entre eux* »,[2] que l'assujettissement de l'élite des peuplades qu'il a désorganisées à un type de capitalisme sauvage revêtu du manteau de la civilisation. En colonie, l'École n'est pas une pédagogie mais plutôt un alibi plaqué, après coup, sur le cadre d'une société différente, pour légitimer l'imposture sous le couvert de la culture. J.-Y. Martin note les repères de cette variation historique dans son étude de la scolarisation au Cameroun :

> L'Européen s'est imposé grâce à la supériorité de son organisation militaire et de ses armes à feu. L'idéologie de la force blanche, élément principal du processus d'inféodation coloniale, a eu comme point de départ historique et concret la mitrailleuse [...] Les Français appliquèrent les mêmes principes d'aménagement que les Allemands [...]
>
> C'est à partir de cette époque [1945] que le développement de l'école commence à prendre le pas sur le développement économique, en ce sens que le marché de l'emploi n'arrive plus à absorber les éléments scolarisés.
>
> La fonction du système scolaire, conclut-il, est de légitimer le système politique. La production idéologique de l'école a pour fonction de reproduire l'autorité de l'État.[3]

Le livre de classe est l'une des instances privilégiées de reproduction de l'idéologie. On se souvient que Condorcet assignait aux manuels scolaires la double mission de « *rappeler à chacun ses droits et ses devoirs, ainsi que les connaissances nécessaires à la place qu'il occupe dans la société* ».[4] Ces connaissances utiles se transmettent à travers le procès encyclopédique dont l'École, située sur une éminence ou hors du périmètre propre au village, matérialise, dans le livre de lecture à l'école primaire, le foyer de diffusion à la ronde. L'Encyclopédie convoque l'univers rural et urbain, domestique et public, qu'elle investit et épèle suivant les intérêts des institutions qui en fondent l'autorité. Elle est ainsi la caution scientifique du livre de *leçon de choses* qu'est, avant toute chose, le livre de lecture. A ce titre, elle passe en revue le corps humain, les vêtements, l'habitat, les activités économiques et ludiques, le mode d'alimentation, le sommeil, la mort même, vécus au quotidien en langue *basa, fufulde, duala* ou *bamun*, mais que l'écolier doit ingérer et restituer en français, *langue paternelle*, véhicule de la nouvelle culture qu'on lui figure comme objet de projection. Le transit par ces sonorités et ces termes étranges rend la forme de sa culture natale méconnaissable à l'enfant scolaire. Cette méconnaissance de l'*habitus* entraîne celle du corps social traditionnel auquel il ne se trouve plus accordé, à présent qu'il recherche la complétude dans les seules normes de la culture altière et plénière qui lui est représentée dans les livres.

Productivité ou ambiguïté : ambivalence du discours scolaire

Le discours de l'École par les textes fonctionne, en effet, à deux niveaux. Il dit ainsi une chose et parle d'autre chose. Par exemple, il parle de la civilisation et dit la colonisation, ou que l'Afrique est belle et qu'elle manque de valeur essentielle, que les hommes y sont vigoureux, ont des corps d'athlètes en même temps qu'ils se complaisent dans la paresse et manquent de charme. Une nappe discursive *inobservable* travaille de la sorte le discours manifeste, affleurant à la surface du texte par des interstices qu'elle tisse suivant un code implicite en nécessité logico-théorique.

L'on a généralement observé que le discours de l'École catholique était plus productif que celui de l'École laïque ou, en d'autres termes, que l'écolier sorti de la Mission réussissait mieux dans la vie que son analogue de l'École publique. Il semble que le caractère oblique ou, au contraire, rectilinéaire du mode de transmission du savoir y soit pour beaucoup. Le manuel confessionnel dit, sans biaiser, son fait et l'assume, demandant à l'écolier d'en tirer les conséquences. Plus réductrice du sauvage africain, sa démarche veut le couper radicalement de sa tradition sociale originelle afin de le sauver, corps et âme, de la malédiction primitive, laquelle formerait une gangue autour de son être. Cela explique au demeurant qu'à l'approche des indépendances et avec elles, le manuel confessionnel a tout simplement été réformé, rayé des programmes pour se voir substituer une nouvelle série, d'un ton différent, tandis que le *Mamadou et Bineta* n'aura, au contraire, eu qu'à subir de légères mais notables retouches afin d'être à même de continuer d'assurer *sans histoire* la tâche d'édification des petites têtes crépues.[5] En effet, sa formulation ambiguë veut à la fois considérer l'homme en l'enfant noir, et modifier ce dernier dans le sens de l'exploitation optimale de son travail et de ses besoins : en faire, d'une part, un opérateur économique efficace et, d'autre part, un consommateur de symboles piégés à forte charge exogène. Ce faisant, le livre propose à l'enfant d'échanger du travail contre du bonheur immédiat, temporel. Travail entendu comme effort, soin et peine, investissement physique et psychique en qualité et en quantité de temps correspondant à un quantum défini de satisfaction. Edwy Plenel précise :

> L'École [...] participe à la reproduction, dans un même temps du travailleur et de ce qu'il vend

[...;] force de travail qui, « spécifique du capital, [...] ne fait que désigner un mode d'entrée dans ce rapport social.[6]

Cette École de conception originale vise la production d'un type déterminé de travailleur aussi bien que la reproduction d'un modèle spécifique d'économie. Elle est l'origine de la production et l'appareil de reproduction d'un système d'aliénation-réification *cryptocapitaliste* du monde.

L'instituteur J.-L. Monod, ancien directeur d'École au Soudan, Inspecteur de l'Enseignement en A.O.F., est l'auteur d'une collection intitulée *Livret de l'Écolier noir*, conforme au programme de l'École rurale de l'après-guerre. Cette conformité non démentie aux textes officiels alors en vigueur et l'exemplaire lisibilité de ce manuel d'instituteur[7] vont nous autoriser, cela malgré la précision—qu'on sait extensible— de sa cible régionale (A.O.F.), à en faire l'intertexte lointain d'un axe thématique central de nos différents manuels. Ici, l'homme de terrain *parle d'or* et ne fait qu'exprimer avec naïveté ce qu'on perçoit davantage en filigrane chez Davesne, et avec moins d'insistance dans Macaire et Grill.

La France représente la figure matricielle du désir et de la projection symbolique. Son peuple sert ainsi de support à cette projection :

A l'école [...] j'apprends aussi à connaître la France et à aimer les Français.[8]

A ce titre, le Blanc est le vecteur à travers lequel se manifeste la complétude morale. Il définit, en conséquence, un modèle de démonstration et acquiert, de ce fait, valeur d'exemple :

A l'exemple des Blancs, les Noirs s'habillent de plus en plus. Ils achètent d'abord des étoffes voyantes, aux couleurs vives, peu solides et bon marché. Mais peu à peu ils s'habituent à reconnaître et à apprécier les belles et bonnes étoffes.[9]

Référence modèle, le Blanc démontre par son comportement le bon usage et l'exacte mesure des objets culturels. Il contribue ainsi à une réévaluation des goûts et des biens en conformité avec les normes objectives et justes. Cette réévaluation critique entraîne un remodelage des pratiques, impliquant nécessairement de nouvelles conduites de consommation et, partant, une organisation économique inédite :

> Et pour se les procurer, ils s'efforcent de travailler.[10]

Comme référence et modèle d'entraînement, le Blanc détermine aussi, à travers ses institutions, une appréciation des objets symboliques en conformité avec ses principes et ses coutumes. Il s'ensuit que l'École, moule institutionnel par excellence, devient le foyer normatif exclusif où se génèrent et d'où diffusent les valeurs obligées de la pratique filiale :

> A l'école [...] en obéissant chaque jour à mon maître, j'apprends aussi à obéir à mes parents, à les écouter avec respect, à les aimer.[11]

Dès lors, par une inversion paradoxale, les attitudes pour ainsi dire naturelles, les gestes et les manifestations natifs de l'individu et de sa culture en viennent à procéder, dans les manuels, d'un régime exogène au point d'acquérir une surdétermination absolument extravertie :

> Je fais à l'école l'apprentissage de la vie.[12]

Le rendement idéologique du discours scolaire se trouve de la sorte optimisé par le fait que l'économique transite à travers le détour théorique par l'éthique dans le temps même où l'encyclopédique autorise et garantit l'énonciation d'objectifs rationnels et pratiques.

Investissement ideologique et illusion de savoir

La preuve irréfutable de l'investissement idéologique du manuel scolaire aura consisté dans les révisions qui l'affectent à partir des années 1950. Les raisons politiques évoquées, tout comme la trace persistante des dénégations perceptibles, sont autant d'indices, non seulement de la collusion du dispositif scolaire avec le politique, mais plus encore du rôle de préparation et de justification théorique que l'un figure par rapport à l'autre. Jusque-là, en effet, le manuel avait visé à obtenir de l'écolier une reconnaissance de dette envers la métropole bienfaitrice par la promesse du travail salutaire de rente. Désormais, l'écolier se voit associé à l'élaboration du nouveau mode de vie auquel on le convie. Du statut de bénéficiaire passif, le voici transmué en opérateur potentiel des changements souhaitables. Le discours passe alors de la définition statique et mythologique des deux pôles antinomiques de la Sauvagerie et de la Civilisation à la disposition stratégique d'un processus d'*indigénisation* du Progrès. Ces divers modèles et ces différentes stratégies du discours des manuels visent à établir et à conforter un type spécifique de formation sociale. Pratique idéologique banale sinon légitime, car il eût absolument été aberrant d'attendre d'un système de domination colonial qu'il établît un appareil idéologique de libération et de promotion des indigènes, comme il serait naïf voire absurde de croire qu'un manuel scolaire puisse être dénué d'idéologie.

Le souci d'interpeller des individus en sujets explique les exclusions discursives invariantes des manuels. Nulle mention des droits des personnes dont aucune fois on ne laisse présager qu'elles puissent un jour accéder au statut de citoyens d'une nation libre—avec l'exception ambiguë du discours de M. Le Député appelant les populations à un redoublement d'effort. Les productions originales des indigènes ont une figuration marginale, quasi nulle si l'on excepte le conte et certains éléments d'architecture. Les oeuvres littéraires élaborées par les représentants de l'élite africaine issue de l'École coloniale sont, à l'instar des livres objectifs ou engagés d'africanistes ou d'écrivains français de renom, simplement ignorées. L'exception de René Maran est un alibi sans conséquence puisque le point de vue de cet auteur est celui du fonctionnaire colonial français orthodoxe. A cette absence de textes et de thèmes positifs et stimulants correspond, inversement, l'insistance pernicieuse des manuels sur les éléments de carence et de dysfonctionnement inévitables dans des sociétés artisanales et paysannes. Ainsi, outre la rondeur et l'exiguïté, l'estampille de la case villageoise consiste dans l'opacité découlant de la rareté des ouvertures et dans l'inconfort dû à leur réduction : la case africaine est étroite, ronde et enfumée par définition ; ce, malgré les démentis criards qui ne parviennent dans le texte que sous forme d'échos assourdis. De ce parti pris foncier de dénigrement systématique de l'être, des pratiques et des productions indigènes résultent des effets de conduite inverses de ceux recherchés par la stratégie discursive :

> Certains Noirs, s'indigne, par exemple, le chanoine Grill, ne gardent leurs cases propres que par crainte du commandant. Ils ont tort. Il faut être propre dans l'intérêt de sa santé et par respect de soi-même.[13]

Ainsi la peur du gendarme, pourtant, dit-on, le commencement de la sagesse, est une attitude que dénonce le manuel pour lequel la motivation à l'hygiène doit être l'amour-propre. En revanche, on sait que l'amour-propre se trouve précisément soumis à rude épreuve par le contexte général du discours scolaire. Aussi bien la crainte ne peut, en bonne logique,— ce, contre l'objectif visé par l'éducateur inconséquent — être le manifeste que de la non intégration culturelle d'une pratique positive mais prescrite par une institution qui ne respecte pas la valeur humaine liée à la personne qu'elle envisage de former. Il en va de la leçon d'hygiène comme de toute l'instruction que le Noir reçoit à *l'école du Blanc* ; il la réinterprète en termes de fétiche et en fait parade parce qu'elle lui tient lieu de gri-gri susceptible, à ses yeux, uniment de conjurer le mauvais sort et de lui allier le *pouvoir pâle*.

Certains, victimes de l'illusion, ont pu confondre cette fausse appropriation fétichiste du savoir occidental avec le savoir effectif, qui est l'esprit créateur du technicien et du savant. Cela explique la réticence précoce de l'éducateur colonial à multiplier son offre d'école ou à transmettre *plus de science qu'il n'en fallait* à l'Africain, de peur d'en faire un concurrent dangereux. Cela explique inversement l'engouement pour l'École de nombre d'éduqués et de familles indigènes qui, passé les premiers moments de désarroi et d'effarouchement, confrontés à la dépression culturelle de leurs sociétés respectives, ont cru trouver dans l'*ersatz* de science dispensé par l'institution la panacée universelle à leurs misères. Le bon sens et l'expérience montrent que la panique des uns, l'euphorie des autres sont le fait d'une hallucination d'anticipation. Alors que plus personne ne peut sérieusement contester l'existence, attestée largement par les découvertes confirmées de Cheikh Anta Diop, d'un génie créateur égyptien et nègre antérieur à la civilisation qui domine à présent le monde, l'Afrique noire se trouve aujourd'hui placée dans l'inconfortable position de ne pouvoir, au mieux, produire qu'une science résiduelle ou des savants assistés et, au pire des cas, nulle science, nulle technique, élaborations jugées au demeurant, soit inutiles, soit impossibles et dont l'Occident pilote se montre d'autant plus disposé à la dispenser gracieusement, qu'il aura concouru efficacement à en tarir la veine dans nos esprits et nos coeurs.

École de la nécessité, compromis d'arrière-pensées insatisfaites

Car un principe, en revanche, n'aura pas constitué une hallucination dans l'affaire : c'est l'implantation des salles de classe, du tableau noir, du bureau ; la circulation des cahiers, des livres, de la craie ; la contrainte de monter la colline en courant chaque jour de peur de manquer le début de ce qu'on croyait une offrande et qui s'est avéré être un sacrifice d'un type non propitiatoire. Dès le moment où l'on a dû souffrir sa présence, l'École s'est imposée comme la nécessité, même pour ceux qui, à bon droit, la combattirent et dont elle allait se contenter de faire des *illettrés*, promis en conséquence au déclassement et à la frustration ultérieurs. Quant aux autres, les déclassés de la première heure, l'École apparaissait pour eux comme une bouée de sauvetage sur l'océan sans âge de leur infortune primitive. A travers cette écume d'elle-même, la société traditionnelle a cru sceller avec ceux qui sont venus et l'ont soumise par la force de la ruse, une manière de pacte de Faust et Méphistophélès. L'école des captifs qui se crut l'école des fils de chefs, restaurera alors, à travers ces otages, la paix civile dans une société momentanément réconciliée avec le sacrificateur. Mais, faute d'exercer l'un sur l'autre une attraction réciproque, les partenaires de la rencontre coloniale s'installent, autour de l'École, dans une forme inégale d'équilibre de la terreur, fondée sur des arrière-pensées satisfaisantes pour chaque partie ; ce que révèle fort justement R. Mballa Owono :

> Telle apparaît bien, écrit-il, l'ambiguïté de cette école qui attire et qui tue en même temps, mais qu'on ne peut éviter sans en être la victime. La même contradiction est assumée par le colonisateur : autant l'école lui permet l'exploitation coloniale dans tous les domaines de l'activité économique, politique, sociale et culturelle, autant cette école, facteur de

> libération et d'égalisation comme l'ont si bien perçu les anciens, lui inspire une certaine crainte, celle de voir le colonisé s'émanciper et se dresser plus tard contre lui grâce à ce qu'il aura appris à l'école [...]
> C'est compte tenu de cette contradiction fondamentale ou mieux de cette ambivalence de la fonction de l'école que le colonisateur a jugé préférable de donner au Noir le strict minimum de connaissance possible.[14]

La référence à laquelle renvoie la conclusion de l'auteur consiste dans la fameuse maxime pédagogique de l'idéologue incontournable de l'École coloniale, Georges Hardy.[15] Si l'on peut démontrer et convaincre ici que *trop peu* constituait déjà *trop* d'instruction blanche pour le pauvre broussard de l'Afrique francophone, cela devrait suffire à faire justice de la non moins fameuse « *quatrième thèse* » dont Bernard Mouralis révèle la présence dans « *le discours de l'idéologie coloniale* ». L'imparable argument consiste à laisser entendre que le Goliath colonialiste aurait volontairement livré au David des colonies le secret grâce auquel celui-ci allait pouvoir se défaire de l'ennemi :

> Enfin, plus récemment, rapporte l'auteur au terme de sa revue argumentaire, une quatrième thèse sera fournie par la décolonisation elle-même. En effet, puisque l'indépendance apparaît, après la deuxième guerre mondiale, de plus en plus comme une nécessité inéluctable, l'idéologie coloniale devra faire en sorte que les mouvements nationalistes ne soient pas perçus comme une critique de la domination européenne depuis le début du siècle. Loin d'être une critique du colonialisme, ceux-ci témoignent au contraire de l'apport positif de la colonisation en montrant que l'idéal au nom

duquel les peuples africains revendiquent leur indépendance leur a été transmis par l'Europe. C'est dans cette optique que l'idéologie coloniale va interpréter les mots d'ordre des mouvements d'opposition au régime colonial : unité nationale, patrie, État, liberté. Ainsi, loin d'être ressenti comme un démenti du discours de l'idéologie coloniale, le processus menant à la décolonisation est utilisé au contraire comme une justification après coup de l'entreprise coloniale.[16]

Enseignement, convertisseur d'essences

La longueur de notre citation vise à respecter la mise en forme de l'idéologie dont B. Mouralis restitue avec netteté le discours. Ainsi, une éventualité est perçue comme inéluctable. L'idéologie s'avise de transposer la fatalité en raison dans l'histoire. Pour ce faire, elle construit un modèle de représentation dont elle va se servir comme d'un convertisseur d'essences, d'idées et d'événements, en sorte que le négatif va pouvoir se muer en positif, et inversement. L'angle perspectif consiste dans le motif de castration dont on sait qu'outre l'interruption du régime classique de fonctionnement de la temporalité dans ses trois dimensions, il concourt à *« invalider la logique spécifique au profit d'une économie plurielle et différentielle qui déjoue toute forme d'actualisation, toute effectuation d'un possible en attente ou en réserve, tout maintien d'une présence tacitement reconduite »*.[17] Sur une telle base, l'événement confine à l'inactualité par pulvérisation de sa substance hors du champ de la perception consciente de l'avant, de l'après, du moment où il n'a pas eu, n'aura pas, n'a pas *lieu*, tout en ayant la portée étrange et familière du retentissement après coup. Car enfin, autant qu'on se souvienne, l'Afrique a, de tout temps, été libre avant sa collision désastreuse avec l'Occident. Montaigne, Rousseau, les utopistes ont élaboré leur *mythe du bon sauvage* sur la foi de récits concordants d'explorateurs qui n'ont tout de même pas tous rêvé leurs voyages et leurs observations. Aussi n'aurait-elle rien fait d'autre que reconquérir sa liberté compromise si l'Afrique noire française avait pu, comme l'Indochine et plus tard l'Algérie, mener une véritable lutte de libération nationale au terme de laquelle il y eût eu nécessairement reconnaissance réciproque des parties au conflit, puis réconciliation de l'ennemi avec l'adversaire et paix avec soi-même enfin. Telle eût été au travers de cette guerre de Troie qui n'aura pas eu lieu, une indépendance conquise et non octroyée, du genre qui seul fait des peuples et des personnes libres et dignes. Mais puisqu'on ne refait pas l'histoire, faisons du moins justice de la nôtre afin de nous en accommoder.

On eût souhaité, pour s'en féliciter après A. Cuvillier et M. Flory qui, suivant B. Mouralis, inspirèrent cette *quatrième thèse* d'après les indépendances africaines, avoir pu consacrer, au cours de l'étude qui va suivre, un seul chapitre à ce que nous intitulions, dans notre hypothèse de travail, la *positivité paradoxale* du discours des manuels scolaires. Outre l'agrément de l'antithèse qui eût de la sorte corrigé le caractère désespérément monolithique du présent ouvrage, un paradoxe aussi heureux eût servi l'honneur de la France colonisatrice qui se fût également dédouanée ainsi de sa propension à l'assimilation impatiente de la différence. Mais on sait avec quelle fébrilité coupable A. Davesne se hâte dès 1950 de gommer de ses livres les concepts pourtant unificateurs d'A.O.F. et d'A.E.F. pour ne plus laisser subsister à leur place que des territoires étiques et peu viables dont il prépare commodément l'acceptation de la balkanisation[18] dans l'esprit de l'écolier noir d'Afrique. A l'inverse, on a vainement cherché à repérer dans les manuels quelque périphrase ayant une parenté, même lointaine, avec les notions de nation, de patrie, d'État, de liberté pour les Africains. Tous les droits, dans le livre de lecture, semblent revenir à la France et le manteau d'Arlequin dont elle couvre l'Afrique est brodé du chapelet des devoirs et des dettes du continent noir envers la Patrie—avec majuscule—de laquelle il figure uniquement, soit la propriété, soit la projection hétéroclite de partenaires miniatures.

Dépossession mentale et démobilisation morale

Cette extorsion quotidienne de ses fonds que le manuel lui présente comme revenant de droit à la Nation bienfaitrice, la dépossession de l'Afrique noire par le travail, l'impôt, la consommation de rente définis par M. le Gouverneur ou M. le Député[19] comme les moyens concrets qu'a le Noir d'honorer sa dette de civilisation et de progrès, voilà les images mobilisatrices dont se repaît l'imaginaire enfantin de la France coloniale nègre et dénigrée à l'école ! Leur unique vertu stimulante peut provenir sans doute du scandale de l'hyperbole ; sinon, comme Malraux nous enseigne que l'homme moderne a appris à s'habituer à tout, même aux catastrophes, on est fondé de penser que l'Afrique du bois d'ébène, du cuivre et de l'ivoire eût continué, à genoux, d'ânonner, dans ses salles de classe, les syllabes de son servage séculaire s'il n'y avait eu, dans la rue, dans le journal, à la radio, au travers de la guerre, la rumeur venue d'Amérique et de l'Union soviétique, l'insurrection en Indochine et Bandoeng, l'intelligence politique du général de Gaulle enfin. Ce dernier prend la mesure des intérêts de son pays. Il n'ignore pas, par exemple, que depuis longtemps *« en France on s'en tenait à la règle établie par l'article 13 de la loi des finances de 1900 : les colonies doivent supporter elles-mêmes toutes leurs charges grâce à l'impôt et à l'emprunt ».*[20] Henri Grimal, auquel on se réfère ici, poursuit :

> Seules étaient inscrites dans le budget métropolitain les dépenses nécessaires à la défense et à l'administration. Le bas niveau intellectuel, dû à une scolarisation insuffisante, permettait d'exclure les indigènes des

responsabilités administratives. On n'évoquait de réformes, que celles destinées à amarrer plus solidement les possessions à la métropole ; de théories libérales, que celles dont l'application n'était pas envisagée. La permanence du fait colonial paraissait hors de question.[21]

Les territoires d'Outre-mer supportent si bien les charges de leur exploitation que certains comme le Cameroun—*»heureux territoire aux budgets toujours excédentaires* »[22]—commencent à mal supporter d'être indéfiniment confondus avec la *Cendrillon* coloniale française qu'aura longtemps été l'A.E.F.

Tirant la dure leçon des faits de l'histoire, le général de Gaulle dès 1944, Gaston Defferre à partir de 1956 sont, parmi les hommes politiques français, les partisans conscients d'une réforme de structure en Afrique noire. Dans l'intérêt bien compris de la métropole, la décolonisation qui s'amorce alors est l'illustration inversée de l'axiome juridique qui stipule que *donner et retenir ne vaut*. Trente ans après qu'il l'aura définie, la France entreprend, à la suite de nombreux tâtonnements, de mettre enfin en application *la méthode d'association* que préconisait en 1924 déjà le député des Alpes Maritimes, Léon Baréty. Elle vient trop tard pour les cultures indigènes qui se sont vu piétiner, dévaster, voire enterrer par des assimilations successives et imparfaites. Elle vient cependant à point nommé sauver, par l'offre de collaboration, la stratégie économique et politique de la métropole, laquelle donne d'une main le pouvoir qu'elle reprend de l'autre, par les multiples accords de coopération auxquels accèdent sans discernement, à l'instar des premiers souverains illettrés, les représentants de la nouvelle *féodalité du parchemin* qui s'apprêtent à prendre la relève du maître empressé, lui, de faire de son émule indigène le véritable colon, moins que jamais contestable de l'Afrique noire française.

Et si, suivant Grimal, on reste convaincu parmi les politiciens de la métropole que « *l'idée nationale* [est] *étrangère aux concepts des populations* » indigènes, que « *les puissances coloniales sont le meilleur garant de l'ordre et de la paix* » et que les « *protégés* » de la France « *ont peur de l'indépendance* »,[23] c'est précisément parce que l'État éducateur colonial a manqué, à travers le discours des manuels à l'École, de préparer les sujets serviles de ses possessions outre-mer à l'indépendance de citoyens des États souverains qui vont pulluler sous les *tristes tropiques* africaines. Coupant l'herbe sous les pieds de l'Organisation des Nations Unies et d'éventuels mouvements de libération nationale, *le grand Sorcier galonné de Paris* tranche dans le vif le cordon ombilical de ces avortons effarouchés, qui reviendront longtemps piailler encore aux portes de l'Élysée, traînant leur spleen masochiste d'une Conférence internationale à une banque suisse, au grand dam de *l'Afrique des peuples*. Car l'État colonial aura réussi ce tour de force sublime d'accorder l'indépendance et de créer en même temps dans l'ex-colonie l'état d'angoisse permanente qui justifiera, après coup, son droit d'intervention, à chaque fois qu'une nouvelle crise viendra aggraver, sur le terrain, la situation de détresse continuée due au sevrage brutal.

Stérilisation des régimes pédagogiques d'auto-promotion

Ce fait de castration *in vivo* est de ceux qui substituent irrémédiablement le *commencement* à l'*origine* dans une mise en scène, constamment annoncée et constamment différée, de la mort imprévisible. En effet, s'il a pu indéfiniment dénier la réalité de castration par une production de désir, le fétichisme du diplôme reste une perversion scolaire somme toute bénigne, puisque son intégrité est conservée à l'image, devenue ambivalente, du Moi. Il advient, en revanche, dans le cas de réelle castration, que celle-ci se maintienne sous forme d'angoisse persistante. On est alors en présence de « *la catégorie des fantasmes originaires* »[24] définie par Freud. Elle est signalée dans le manuel scolaire par la menace de renvoyer l'écolier à la sauvagerie ancestrale. L'évitement de pareille catastrophe ne peut guère consister en un simple artifice de scission de la personnalité dépendante. Ici, Narcisse, pour survivre, doit consentir à se voir mutiler :

> L'éducation liée au modèle occidental, rappelle R. Colin, débarque du navire, avec les soldats blancs [...] Dès l'origine, cette petite école [...] ouvre une brèche mortelle dans la dialectique éducative négro-africaine à laquelle elle s'oppose comme génératrice d'un modèle civilisateur autre, et d'une entreprise d'exploitation sans limite [...]
> Il est capital, dans ce processus, d'effacer la mémoire culturelle des origines [...] L'école, ainsi, sépare.[25]

Ainsi désaccordé doublement à lui-même et aux normes de sa communauté d'origine, non seulement l'enfant scolaire est démoralisé, mais en outre l'adulte qui sort de l'enfant se trouve désocialisé. Éperdu, il doute et sème le doute autour de lui, entérinant et reconduisant le doute initial du discours de l'École au sujet de la capacité de production endogène. Cela, qui n'était pas prévu au programme théorique de la colonisation générale des sociétés humaines, est une spécificité du génie colonial français : sous couleur d'assimiler la différence, il concourt à la fossilisation des traditions culturelles des populations qu'il veut élever à sa stature. Ceci, parce qu'il y va de l'intérêt du système que représente ou sert l'École, de l'institution politique, économique, morale qui la fonde, d'un côté que *ces gens-là* ne demeurent pas en l'état, à part, à l'écart de l'histoire qui s'est emparée désormais du monde, de leur monde : il faut qu'ils s'adaptent à de nouveaux codes de savoir, de pouvoir, de comportement et de croyances. Or, d'un autre côté ils doivent, pendant qu'ils changent, nécessairement *rester* non pas eux-mêmes, mais *ce qu'ils sont* par définition, c'est-à-dire des êtres soumis, ayant tout juste appris ce qu'il faut pour obéir à des injonctions, exécuter certaines tâches, comprendre, expliquer et diffuser à la ronde des directives précises et ponctuelles, produire à la demande ce qui correspond au désir du maître moderne.

> Celui qui n'est pas colonial ne comprend rien [en effet] à la colonie [...] il ne comprend pas le colonial et souhaite imprudemment l'instruction et l'évangélisation des autochtones : celles-ci sont tolérables autant qu'elles servent à la domination.[26]

Dès lors que le ressort dynamique qui la rattachait à la source est cassé, on aura beau embrayer, la machine patine plutôt que d'avancer. Aussi les sollicitations réitérées aux peuples dont on a dévasté la culture dans les faits et dans l'esprit de leurs enfants, sont-elles, par la force des choses et selon toute logique, condamnées à rester lettre morte. La contrariété des visions du monde en présence induit une contradiction inégale qui rend impossible l'articulation dialectique entre la superstructure de la conception idéologique et l'infrastructure qui ne peut exécuter que les messages qu'elle interprète et concrétise en termes de stimulation positive. Or, ni l'injure même oblique, ni le rançonnement ne représentent un système de gratification convenable. Dans de telles conditions, l'injonction au progrès ne peut recevoir de la part de son destinataire que l'exécution minimale[27] susceptible de lui éviter l'ire de l'ordonnateur : l'obtention du diplôme devient la finalité des études ; l'acquittement de l'impôt, directement ou par le détour pernicieux de la consommation de rente, devient la finalité du travail que l'indigène appelle *le travail du Blanc ou du gouvernement*, lequel *ne finit jamais*. Étudier et travailler de cette façon ne diffère pas d'une corvée.

Ainsi le savoir qu'on dispense aux indigènes à l'École n'est pas de ceux qui peuvent dévoyer l'ordre en train de s'ériger, le nouvel ordre politique qu'ils doivent contribuer à bâtir. Il n'est pas de ceux qu'il faudrait acquérir pour inverser un processus économique programmé et mis en place pour servir les intérêts de la métropole, pas plus qu'il ne pourrait subvertir son contenu ni changer d'orientation afin de faire de ces hommes subalternes les promoteurs, les producteurs et les consommateurs partageant leurs modèles d'existence et leur travail propres. Voilà en quels termes, depuis bientôt un siècle, on étudie et l'on travaille pourtant, sous les *tristes tropiques* du cancer colonial ou post-colonial en Afrique noire francophone. La fossilisation de sa culture originelle a concouru à y neutraliser, voire stériliser l'enfant scolaire comme agent opératoire capable de concrétiser la formation reçue à l'École en un modèle d'autopromotion.

Notes

1. « Pour la recherche du principe éducatif », in *Gramsci dans le Texte, (G.d.t.)*, Éditions Sociales, 1975, p.621-622.

2. *Ibid.*

3. *Différenciation sociale et Disparités régionales : Le Développement de l'Éducation au Cameroun*, I.I.P.E., Paris, 1978, p.11, 16, 18 et 89.

4. J. Grandsimon, *Les Manuels scolaires*, Domat-Montchrétien, 1934, p.37-38.

5. L'efficacité de ce reconditionnement explique la vogue inentamée de la collection de Davesne jusqu'en 1982, date à laquelle la librairie Istra interrogée nous a fourni les renseignements suivants : « *Mamadou et Bineta* » est alors le livre unique au Mali. A l'initiative des parents d'élèves, la

collection se trouve en librairie au Cameroun, au Congo, en Centrafrique, en Côte d'Ivoire, au Sénégal et, dans une collection nouvelle, au Togo. Le tirage s'élève à 300 000 exemplaires l'an. A l'occasion du centenaire de Brazzaville en 1980, le maire de la ville cite l'inspecteur Davesne dans sa préface du *Livre du centenaire* édité au Congo.

6. *La République inachevée. L'État et l'École en France*, Payot, 1985, p.136. L'auteur se réfère et cite le livre au titre significatif de Bruno Lautier et Ramon Tordajada : *École, force de travail et salariat*, P.U.F. de Grenoble — Maspero, 1978.

7. Respectivement intitulés *Premier Livret de l'Écolier Noir*, Delagrave, Paris, 1949 et *Deuxième Livret de l'Écolier Noir*, Delagrave, Paris, 1948, ces manuels portent en sous-titre : « Lecture-Ecriture-Langage répondant au Programme des Écoles de village de l'Afrique occidentale française ». Le premier est numéroté cent trente sixième mille, le second quatre-vingt-douzième mille, et constitue notre référence intertextuelle.

8. *Deuxième Livret de l'Écolier Noir*, p.20.

9. *Id.*, p.52.

10. *Ibid.*

11. *Id.*, p.20.

12. *Ibid.*

13. Ch. C. Grill, *Livre de lecture des Écoles africaines*, C.E., « Les Classiques africains », Saint-Paul, Issy-les-Moulineaux, p.70.

14. *L'École coloniale au Cameroun, Approche historico-sociologique*, Imprimerie Nationale, Yaoundé, 1986, p.39.

15. « Car, en Afrique, le danger n'est jamais d'enseigner trop peu, c'est d'enseigner trop ».

16. *Essai sur le Statut, la Fonction et la Représentation de la Littérature négro-africaine d'expression française*, thèse d'État, Lille III, 1978, 1981, p.22.

17. J.-M. Rey : *Parcours de Freud*, Galilée, 1974, p.200.
18. Le député socialiste L.S. Senghor s'insurgeait alors en termes sans équivoque : « *On veut*, proclamait-il, *empêcher à tout prix toute solidarité politique et administrative entre des territoires que tout lie ; non seulement les structures économiques, mais la race, la culture, l'organisation administrative, les aspirations politiques* [...] *Les partisans de la division sont pour la communauté franco-africaine et contre la communauté africaine.* » (Assemblée nationale, 30 Janvier 1957, cité par H. Grimal, *La Décolonisation de 1919 à nos jours*, Ed. Complexe, Bruxelles, 1985, p.296).
19. *Cf. Mamadou et Bineta lisent et écrivent couramment. Livre de Français à l'usage des Écoles africaines. CE1 et 2*, Istra, 1951, « Les Vêtements (suite) : L'arrivée de M. le Député », p.61-63.
20. *La Décolonisation de 1919 à nos jours*, Complexe, Bruxelles, 1985, p.7.
21. *Ibid*
22. E. Trezenem, B. Lembezat: *La France équatoriale*, Société d'Éditions géographiques, maritimes et coloniales, Paris, 1950. Préface du Gouverneur G. Spitz, p.10.
23. Ouvr. cit., p.29-30, « Forces de conservation et forces d'émancipation entre les deux guerres».
24 J. Laplanche et J.B. Pontalis : *Vocabulaire de la Psychanalyse*, P.U.F., 1967, p.77.
25. « Heurs et malheurs de l'éducation solidaire. Introduction à une problématique des contrats de solidarité éducative », *Recherche Pédagogie et Culture*, AUDECAM, no.49, Sept-Oct. 1980, vol. ix, p.13.
26. A. Peretti, « D'une psychologie de la colonisation », in *Colonisation et Conscience Chrétienne, Recherches et Débats*, Cahier n°.6, Arthème Fayard, déc. 1953, p.102.
27. D. Etounga Manguelle rapporte ce témoignage caractéristique de la période d'insurrection malgache : « *alors que la production locale baissait en partie semble-t-il en raison de la campagne de désobéissance civile orchestrée, diront les responsables coloniaux, par les*

militants de la C.G.T. », à partir de 1947 « le mot d'ordre était : *'ne travaillez pas pour les Français, ou lorsque vous travaillez pour les Français, faites-en le moins possible'* » *(Cent Ans d'aliénation,* Ed. Silex, 1985, p.33).

Chapitre 2

L'École comme enjeu stratégique dans l'imaginaire et dans l'histoire

L'imaginaire
L'École et la crise de la tradition : vision poétique
L'École représente un thème récurrent de *L'Aventure ambiguë* de l'écrivain sénégalais Cheikh Hamidou Kane. Tante du héros, le personnage hiératique de la Grande Royale, avise son frère, le Chef des Diallobé en colloque avec le maître de l'école coranique, d'y envoyer, parmi l'élite du pays, leur cousin Samba Diallo afin de prêcher par l'exemple la nécessité de cet ultime risque à courir, si l'on doit éviter que la déroute militaire n'évolue en ruine de la communauté. Alors que, saisi de vertige, celui qui aurait dû être le repère stable du pays tout entier prie celle-ci de lui communiquer sa foi, la Grande Royale rétorque :

> Je n'en ai pas. Simplement, je tire la conséquence de prémisses que je n'ai pas voulues. Il y a cent ans, notre grand-père, en même temps que tous les habitants de ce pays, a été réveillé un matin par une clameur qui montait du fleuve. Il a pris son fusil et, suivi de toute l'élite, s'est précipité sur les nouveaux venus. Son coeur était intrépide et il attachait plus de prix à la liberté qu'à la vie. Notre grand-père ainsi que son élite, ont été défaits. Pourquoi ? Comment ? Les nouveaux venus seuls le savent. Il faut le leur demander ; il faut aller apprendre chez eux l'art de vaincre sans avoir raison. Au surplus, le combat n'a pas cessé encore. L'école étrangère est la forme nouvelle

> de la guerre que nous font ceux qui sont venus,
> et il faut y envoyer notre élite, en attendant d'y
> pousser tout le pays. Il est bon qu'une fois
> encore l'élite précède. S'il y a un risque, elle est
> la mieux préparée pour le conjurer, parce que la
> plus fermement attachée à ce qu'elle est.[1]

Le pari optimiste de la princesse s'avère un jeu de quitte ou double. Le jeune Samba Diallo impressionne maîtres et professeurs par la pénétration de son intelligence. Il se décroche imperceptiblement des valeurs régulatrices de sa religion et de sa culture, sans pourtant trouver les raisons équivalentes et le moyen de s'agréger à la culture mécanicienne de l'Occident où seul compte, juste ou injuste, *« le rendement de l'outil »*. Alors que le couple des Martial, dont il est l'hôte, le congratule pour le talent avec lequel il mène ses études de philosophie à la Sorbonne, Samba Diallo proteste du mal considérable qu'elles lui font, avant d'élargir la perspective au sort commun des étudiants noirs en France, qui ne savent pas, au moment de partir, quand ils reviendront, et s'ils reviendront ; au pasteur Pierre qui s'enquiert des conditions de ce retour le jeune Africain déchiré répond sur un ton méditatif :

> - Il arrive que nous soyons capturés au bout de
> notre itinéraire, vaincus par notre aventure
> même. Il nous apparaît soudain que, tout au
> long de notre cheminement, nous n'avons pas
> cessé de nous métamorphoser, et que nous
> voilà devenus autres. Quelquefois, la
> métamorphose ne s'achève pas, elle nous
> installe dans l'hybride et nous y laisse. Alors,
> nous nous cachons, remplis de honte.
> - Je ne crois pas que vous éprouverez jamais
> cette honte, quant à vous, ni que vous vous
> perdrez, dit le pasteur, en souriant avec

> beaucoup de douceur. Je crois que vous êtes de ceux qui reviennent toujours aux sources. N'est-ce pas d'ailleurs cet attrait des sources qui vous a orienté vers la philosophie ?
> Samba Diallo hésita avant de répondre: Je ne sais pas, dit-il finalement. Quand j'y réfléchis maintenant, je ne puis m'empêcher de penser qu'il y a eu aussi un peu de l'attrait morbide du péril. J'ai choisi l'itinéraire le plus susceptible de me perdre.[2]

Voici donc l'illustre représentant de la lignée des princes Diallobé vaincu à son tour. Non pas par une armée, mais par l'école, *« la forme nouvelle de la guerre que nous font ceux qui sont venus »*. Ainsi l'École, comme l'armée, est une pièce stratégique substituable à celle-ci dont elle améliore, en portée, l'effet.

Ayant éprouvé, après l'usage de la force militaire, le besoin non seulement de se maintenir en place mais en plus, étant donné la résistance des forces en présence et le seuil théorique de tolérance admissible, celui de justifier autrement cette présence, le système colonial met en avant une structure susceptible de se mouvoir de façon autonome, en même temps qu'elle dépendra nécessairement—pour son financement et son fonctionnement—de la politique générale de *mise en valeur* des colonies. Généralisant l'expérience des Diallobé à l'ensemble du continent africain, Cheikh Hamidou Kane précise que les partisans de la négociation comme les lâches et les combattants farouches, tout le monde s'est retrouvé en fin de compte répertorié dans la nomenclature coloniale, assigné à une posture par l'arme absolue de l'École :

> Car ceux qui étaient venus ne savaient pas seulement combattre. Ils étaient étranges. S'ils savaient tuer avec efficacité, ils savaient guérir avec le même art. Où ils avaient mis du

> désordre, ils suscitaient un ordre nouveau. Ils détruisaient et construisaient. On commença, dans le continent noir, à comprendre que leur puissance véritable résidait, non point dans les canons du premier matin, mais dans ce qui suivait ces canons. Ainsi, derrière les canonnières, le clair regard de la Grande Royale des Diallobé avait vu l'école nouvelle.³

Apostée à l'arrière de la colonne armée, l'École en est la doublure et le prolongement pour ainsi dire naturel, en ce sens qu'elle est par essence conquérante et dans la mesure où la colonisation a théoriquement une vocation fondamentale : la pédagogie, à laquelle se ramène le fameux *« droit d'intervention d'une Nation souveraine dans l'existence d'un pays réputé immobile* à titre d'initiatrice et de tutrice pour élever sa culture et mettre en valeur son territoire. »⁴

> L'école nouvelle participait de la nature du canon et de l'aimant à la fois. Du canon, elle tient son efficacité d'arme combattante. Mieux que le canon, elle pérennise la conquête. Le canon contraint les corps, l'école fascine les âmes. Où le canon a fait un trou de cendre et de mort et, avant que, moisissure tenace, l'homme parmi les ruines n'ait rejailli, l'école installe la paix.⁵

Comme doublure du canon, l'École est une machine de guerre. Comme prolongement du canon, elle vise non pas la capture physique des personnes, mais une possession douce et incommensurable qu'au reste Hardy désigne d'une formule éloquente : *une conquête morale*. Aussi bien, après avoir fait *tonner le canon* contre ceux des peuples africains qui *comme les Diallobés, brandirent leurs boucliers, pointèrent leurs lances ou ajustèrent leurs fusils* avant d'être irrémédiablement mis en joue puis en déroute, les colonisateurs chargèrent-ils de nouvelles batteries, cette fois non plus contre le matériel—désormais hors d'usage—du *continent noir*, mais contre la substance constitutive de l'*être noir*, le ciment unificateur du socle continental : les moeurs de ses habitants que les *blancs* [...] *frénétiques* prétendaient *sans passé, donc sans souvenir*.[6] À la conquête du territoire succéda ainsi l'entreprise de démolition et de replâtrage qui fut confiée aux divers appareils institutionnels de l'organisation impériale : administration, santé, police, justice, travaux publics, commerce, Église..., etc.

Mieux qu'aucun de ces appareils idéologiques d'État— qui visent davantage la normalisation—l'École a vocation au dialogue et à la conciliation. L'École épouse et sert l'intention de la puissance coloniale, en facilitant la communication de l'administrateur avec l'administré par la création des images de mobilisation que sont les écoliers dispersés dans le corps social après leur scolarité ; évaluant chaque promotion à trois ou quatre mille unités par an, Georges Hardy décrit en ces termes l'influence escomptée de cette armée d'images :

> Grâce à elles, le contact entre l'élément colonisateur et l'élément indigène trouve des facilités nouvelles. Les méfiances s'effacent, nos intentions s'éclairent, l'apprivoisement marche à grands pas. Nos directions administratives et économiques rencontrent des esprits préparés à les recevoir, capables de les comprendre et d'y démêler l'intérêt des administrés ; l'argumentation devient possible, et les palabres des commandants de cercles, au lieu de présenter des ordres à peine déguisés et mal traduits deviennent des entreprises véritables de persuasion et d'entente ; elles ne font que reprendre, avec plus de netteté et à l'occasion de circonstances précises, les leçons de l'école.[7]

La collusion est évidente entre la pédagogie scolaire et l'horizon social défini par la colonisation. Kane explique la force de séduction de l'appareil sur l'âme des peuples défaits par son pouvoir de fascination qui consiste à créer le trouble et à rassembler dans le même mouvement :

> De l'aimant, l'école tient son rayonnement. Elle est solidaire d'un ordre nouveau, comme un noyau magnétique est solidaire d'un champ. Le bouleversement de la vie des hommes à l'intérieur de cet ordre nouveau est semblable aux bouleversements de certaines lois physiques à l'intérieur d'un champ magnétique. On voit les hommes se disposer conquis, le long de lignes de forces invisibles et impérieuses. Le désordre s'organise. La sédition s'apaise, les matins de ressentiment résonnent des chants d'une universelle action de grâce.[8]

Le livre et la gestion de la crise villageoise : fonction politique

En tant qu'aire physique et inscription symbolique, l'École s'institue de façon duelle et concurrente comme la grille exclusive et le prisme déformant au travers desquels, déconnecté du refuge et de la source originels, l'enfant scolaire est appelé à déchiffrer, par la lecture obligée, les divers visages de la culture traditionnelle représentés en contexte par le complexe villageois.

Espace de la carence et de la non élaboration au sein duquel il est né et où il transite encore en attendant, en cas de succès au terme du processus scolaire normé, de le déserter pour la ville repère et phare, le village qu'on donne à revivre et à intérioriser au lecteur de manuel enfantin s'apparente à deux schèmes eidétiques qui sont des archétypes véritables, en même temps que des composantes réelles, à la fois de la nature et de l'Afrique matricielles : la forêt vierge, d'une part, le désert aride, de l'autre.

Comme forêt, le village, l'Afrique figure un paysage inextricable de lianes, de ronces et d'arbres d'une densité et d'une opacité à ce point insurmontables que toute entreprise pour le domestiquer et le réduire s'avère inhumaine. Aussi est-il concevable qu'elle demeure en l'état, vierge par nature, si ce n'est par vocation. En concurrence avec cette matrice *figurale*, et comme complément s'étale, obscène, le décor sahélien, incommensurablement sablonneux, étouffant, ingrat jusqu'au désespoir. L'aridité du cadre fonde en raison la stérilité de son sol.

Trouée par intervalles de rares cours d'eau et de plages à peine évoqués dans le contexte du manuel de lecture française à l'école primaire, l'Afrique des touristes et des matières premières apparaît ainsi aux yeux de l'écolier noir, dans sa réalisation livresque et la perspective microcosmique du village, comme un milieu hostile et stérile, un continent globalement maudit, terre impénétrable à cause de la densité de sa forêt, sol improductif à cause de la nudité désolée de son désert. On conçoit aisément ce que la projection de tels schèmes à forte condensation d'archétypes peut comporter de symptômes de traumatisme et de puissance de démobilisation pour le petit homme voué à grandir dans un cadre, et pour le prochain homme convié à vivre dans une patrie dont il sait par la *science dominante* qu'on ne peut, au bout d'un travail colossal, tirer, à la rigueur, qu'un produit brut de matières premières sans réelle conséquence.

Blessé par cette injustice écrasante de la nature à son égard, l'écolier s'échine à brouter positivement les lettres du livre de lecture où sont marqués les signes de la honte de la descendance de Cham, rêvant d'échapper, un jour peut-être, à la malédiction de cette race de cultivateurs et d'artisans, misérables hommes de peine dont chaque courbature et chaque ride ont été, sont et seront sans doute indéfiniment, dans le corps et sur le front, autant de stigmates de l'insatiable appétit occidental pour les essences et les fruits d'un sol et d'une terre réputés pourtant pauvres !

Une logique retorse et floue semble affecter la science discursive des divers livres. Elle comporte des variantes qui cependant ne contrarient pas de façon significative la *matrice* qu'elle suscite dans la succession de son énonciation en textes de lecture et de modification de l'agent historique en puissance qu'est l'écolier dans sa classe. L'*hypogramme*, inobservable comme marque, mais persistant comme indice dans la mémoire et l'imaginaire, c'est le fait colonial indéniable. L'hypogramme se réalise à travers une matrice noble, évidente à chaque page du manuel de lecture : l'entreprise de civilisation d'un monde déshérité, au nom de l'humanisme et de la morale. Cette matrice s'actualise sous forme de schémas, qui sont autant de *variantes* de la représentation initiale : la matérialisation des infrastructures économiques, sociales, politiques, culturelles : la route, le dispensaire, la poste, le tribunal, la place du marché, le vêtement, l'habitat, l'Église, l'École..., etc.

Chacun de ces postes figure un investissement initial dont le promoteur escompte, à court ou moyen terme, un profit. Celui-ci constitue généralement un non-dit du texte du livre de lecture, le contenu latent ou implicite du discours qu'il faut décrypter, au contraire de la dépense inaugurale, laquelle occupe toute la place, manifeste, explicite avec l'arrogance des incalculables sacrifices consentis pour convoyer la lumière de la civilisation technicienne et les ressorts du progrès scientifique, de la source du monde à sa périphérie. Ce premier niveau de lecture s'attache au sens et à la représentation idéale : essentiellement *heuristique*, la lecture de l'enfant envisage la nappe visible du texte scolaire, en dehors des interstices et des chicanes qui l'instaurent comme texte lacunaire. L'omission de la mention des gains attendus du financement des paramètres lourds que sont les infrastructures, constitue une première lacune de ce discours, qui en compte une autre de plus grande conséquence : l'occultation du caractère finalisé de ces opérations économiques.

La matrice instaure le discours : elle l'autorise et le fonde comme énoncé acceptable, autour d'un noyau solide qui édicte que l'Afrique est par essence le territoire de la carence ou, au mieux, de la rareté : de production nulle ou insuffisante par rapport à un horizon idéal de possibilités maxima. De là, la nécessité d'une médiation extérieure, seule susceptible d'opérer les transformations indispensables pour, soit initier le rendement, soit améliorer la rentabilité. La création des infrastructures est la condition préalable de lancement de la machine économique. Parmi celles-ci, le dispensaire et/ou l'Église, mais surtout l'École, sont les outils privilégiés hors desquels point de santé et/ou de salut : l'objectif visé étant l'obtention d'adultes sains et vigoureux, sommairement dégrossis, aptes à accomplir des tâches élémentaires sous des directives précises et, accessoirement, la sélection et la reproduction potentielle d'une élite résiduelle suffisamment intégrable et excentrée de la base pour être susceptible de se mobiliser dans la recherche et la défense d'intérêts et de privilèges factices et dérisoires.

L'hypogramme, l'inscription qui, de manière informulée, sous-tend cet ensemble de propositions scolaires, c'est l'exploitation coloniale, la *mise en valeur* de la terre et du sol d'Afrique : il s'agit en somme d'une double aliénation par le travail : d'une part, pour le capital, d'autre part, pour la métropole. Opérant de façon oblique à travers les modèles institutionnels, la matrice autorise et rend légitime, quand elle ne rend pas simplement possible en l'énonçant doctoralement, la nécessité de la production et/ou de l'amélioration des conditions différentes et spécifiques d'existence, sous couvert d'introduction à la civilisation. Ce faisant, elle masque l'hypogramme de l'exploitation économique qui cependant sous-tend et arme le système général du discours de l'École par les textes : énoncé de science et énonciation de valeur coexistent concurremment comme deux nappes efficaces à fort rendement *psychagogique*.

Réussite scolaire, faillite sociale : généalogie mentale de la crise de l'Afrique Noire

La première nappe, apparente, s'inscrit positivement de façon lisible et certaine comme anthropologie, physique, géographie, histoire, économie, sociologie, droit..., etc. Elle s'étale en surface comme balise et s'offre à la lecture immédiate—qu'on a dite *heuristique*—de l'enfant qui s'ouvre, par l'instruction, à la connaissance du monde : il apprend ainsi que ce monde existe, qu'il a eu un commencement, suit une évolution qui le conduit irrésistiblement vers une fin projetée et mobile, qui a l'allure d'une droite asymptote à une courbe ; le terme fétiche pour désigner cette accumulation prométhéenne de désirs et de frustrations, de tension déçue et d'insatisfaction motrice, c'est un mot vague et bref : le *progrès*.

La seconde nappe discursive, occultée, s'énonce en creux de façon *inobservable* et discrète, comme valeur : axiologie. Elle travaille en profondeur comme armature et ne se signale qu'au travers d'une lecture médiate—qu'on veut dire *herméneutique*—de l'adulte qui, s'étant ouvert par cette instruction à la connaissance du monde, n'a pas acquis sur celui-ci la maîtrise scientifique, économique, politique, historique qu'il était en droit d'en attendre ; au lieu d'induire une somme positive, le cumul s'est plutôt avéré un jeu à somme nulle, sinon carrément négative : le progrès, un mirage, courbe asymptote d'une autre courbe.

L'évidence de ces deux réseaux opératoires se révèle à la sortie d'une double médiation par la comparaison et la récurrence isotopique : des divers postes mis en place par le livre de lecture, seules l'Église et l'École sortent indemnes de toute contamination appréciative, s'instaurant en soi comme des manières d'entéléchie ; c'est qu'elles ne sont pas évaluables, étant des essences, pure valeur. Singulièrement, elles ne figurent guère plus des espaces circonscriptibles de la topologie primitive de l'Afrique, mais sont des condensations allotropiques, intégrables et exclusives : en ce sens, elles fonctionnent comme modèle et référence sur la base desquels se mesure et s'évalue le degré d'acculturation d'une société humaine. Leur absence constitue un indice de grave carence et, partant, d'invalidation culturelle.

En dehors de l'École et de l'Église donc (selon le type d'établissement), l'évaluation affecte différentes sphères référentielles évoquées par les manuels scolaires et se généralise à l'ensemble du corps social sur un fond de polémique (négativité *vs* positivité) qu'on peut établir translittéralement : le Village comme abjection, l'École comme objection,[9] ou mieux, l'un comme figure de répulsion, l'autre comme figure du désir. Aussi bien l'habillement, l'habitat, l'alimentation, la santé, les biens d'usage et d'échange étant perçus comme des acquis communs de l'espèce humaine, la manière de les accommoder, leur plus ou moins grande disponibilité et leur plus ou moindre degré de confort peuvent représenter des paramètres et servir de critères de normativité et d'intégration culturelle unilatérale, sinon unidimensionnelle. On n'est pas outre mesure surpris dès lors que l'instituteur indigène soit la figure exemplaire et comme le prototype de cette intégration aux yeux du meilleur expert qui soit en la matière, Georges Hardy, qui en fait le titre de gloire par excellence de l'acculturation :

> Ce que je sais de façon certaine, c'est que l'instituteur indigène mène, en général, une vie infiniment plus raisonnable que l'ensemble de ses congénères ; il ne craint plus le médecin ; il pratique des habitudes d'hygiène et recherche le confort dans l'alimentation, le vêtement et l'habitation ; il admet volontiers les progrès que nous voulons imposer à l'économie du pays ; il aime la société de l'Européen, il a des « principes » qui ne sont pas nécessairement empruntés à la tradition locale et qui le rapprochent singulièrement de nous : *nous palabrons avec les chefs de villages, nous parlons aux instituteurs*.[10]

Les *principes* exogènes auxquels se conforme la conduite du personnage singulier à qui l'indigène ignare va débonnairement confier la charge d'éduquer son rejeton, ces principes *qui le rapprochent singulièrement* des Européens et le définissent statutairement comme *le maître d'école,* consistent dans l'idéal, implicitement admis par le livre de classe, que l'histoire de l'espèce humaine aboutit à la civilisation d'abondance et au confort de la société de consommation. La base de cet idéal est mythologique, et le personnage du maître, en même temps qu'il se gargarise d'histoires fabuleuses au travers de sa table, de sa mise, de son port, de son destin en société, représente par sa propre histoire, analogue et différente du parcours du tirailleur, l'aboutissement d'un mythe personnel et colonial.

Lecture et réinvestissement mythologique
C'est, en effet, une évidence de La Palice de prétendre que le maître figure l'aboutissement majeur de l'apprentissage scolaire ; c'est parce qu'on a fait partie de la *botte* sortie de l'École Primaire Supérieure qu'on peut aspirer à la maîtrise : ainsi le maître d'aujourd'hui représente le bon écolier d'hier, et inversement : le bon écolier d'aujourd'hui peut se dire qu'il deviendra demain *le maître d'école*. Ce rêve fabuleux, Georges Hardy en rapporte les morceaux de choix, lorsqu'il analyse les motivations des candidats au concours d'entrée à l'École Normale de 1915 :

> Nous avons demandé aux candidats, en guise de composition française, de nous dire pourquoi ils voulaient être instituteurs ; les motifs sont intéressants à connaître, ils sont avoués avec naïveté par des garçons qui en moyenne ne dépassent guère seize ans, et voici à peu près comment ils se répartissent :
> - orgueil de collaborer à la civilisation : « je veux surtout être instruit pour enseigner et civiliser mes petits frères de l'A.O.F. »—

« j'instruirai les petits-enfants [sic], et forgerai ainsi des bras qui seront utiles à la Patrie ».— « Je serai très utile aux habitants de mon village. Je leur apprendrai à vivre comme des hommes civilisés. Les villages voisins les imiteront. Une région entière deviendra française de coeur... »
- joie d'instruire : « Je ne serai pas comme un étranger parmi mes semblables, je pourrai entrer en communication avec eux par la lecture et l'écriture. »—« L'ignorance est une nuit sans lune. »—« L'ignorant est comme un aveugle dans la rue. »...
- joie de se hausser au rang des Français : « Je veux être un instituteur, un bon aide français »—« Je pourrai faire comprendre à mes semblables tout ce que commande la loi. »
- situation sociale : « Je commanderai une école tout entière avec des moniteurs. Je serai heureux d'instruire des petits noirs, dont les parents seront contents de moi. J'habiterai auprès du chef du village, auquel je donnerai des conseils. Je rendrai service à l'Administrateur du poste »...
- amour du métier pour lui-même : « Je trouve très joli et très intéressant de se trouver au milieu d'une vingtaine d'enfants de son village et de leur apprendre *ce que la société a mis des siècles et des siècles à trouver* ».[11]

C'est nous qui soulignons, dans ces copies de rédaction d'anciens écoliers, le souvenir de discours antérieurs entendus à l'École. Celui-ci convertit leurs devoirs respectifs en autant de citations qu'ils font ainsi valoir comme références et gage d'honorabilité et d'excellence à l'examinateur, lequel conclut sa lecture en ces termes rassurants :

Ces généreux mobiles s'accompagnent de petits motifs : [...] les singuliers mérites de la solde et des grandes vacances [..;] la sécurité [..;] le demi-tarif [..;] l'économie d'effort physique [..;]. L'ingéniosité de ces **aveux** nous **garantit**, en quelque mesure, la sincérité générale des réponses.[12]

Les mots ne mentent pas : c'est bien d'aveu qu'il s'agit ; ce terme au Moyen-Âge désigne le signe par lequel on se recommande de la vassalité ou de la féalité d'un suzerain ; l'estampille de ce dernier servant éventuellement de garantie et de sauf-conduit à celui qui le présente. Ces projections peuvent donc permettre d'entrevoir la mythologie formidable dont s'est repu l'imaginaire de l'enfant scolaire qui désirait collaborer, par sa profession, à la reproduction de son espèce.

Or, quels mythes, quels micro-récits recèlent, sous forme d'aveu et de garantie, ces devoirs modèles écrits au concours d'entrée à l'École Normale William Ponty par des élèves modèles sortis de l'école primaire ?

- Une première fable : s'instruire pour enseigner et civiliser les *petits noirs, c'est-à-dire communiquer le savoir qui doit conduire le village hors de la solitude et de la nuit de l'ignorance aveugle, en mettant à sa portée les découvertes des siècles d'histoire de l'humanité.*
- La seconde fable : *être instruit pour servir comme auxiliaire de la Patrie* auprès des habitants et du chef du village, grâce à la pratique de la lecture et de l'écriture qui permettent de leur transmettre le commandement de la loi : à savoir l'utilité du travail, la promotion de la civilisation, l'amour de la France.

On aura perçu les mythes archéologiques auxquels s'alimentent ces deux fables : d'une part, celui de l'Afrique anhistorique ; d'autre part, celui du *fardeau de l'homme blanc*.

Anhistorique, l'Afrique des manuels apparaît comme un ensemble inorganisé de peuplades constituées en agglomérats instables soumis à la seule loi de la nature précaire, vivant de chasse et de cueillette, si ce n'est de rapines sporadiques ; véritable jungle où le plus fort exerce sa puissance aux dépens du faible. Anhistorique, l'Afrique des villages n'a pas d'organisation politique viable. Y règne, au gré des conjonctions capricieuses des circonstances et du mouvement naturel, un ordre fondé, pêle-mêle, sur la croyance aux forces ancestrales, à la sorcellerie et à la magie, au pouvoir des vieillards, aux tabous et à des superstitions ridicules et désuètes.

Sans organisation géopolitique déterminée, il s'agit d'une collectivité sans vie économique, davantage axée autour de l'usage de biens réels et, quand ils existent, la pratique de l'agriculture et d'un petit élevage domestique, excluant tout signe symbolique et toute capacité aussi bien de projection que de prévision. Pareil univers, il va sans dire, se trouve démuni en face de la plus anodine des catastrophes.

De là, le désordre, l'absence de paix et de sécurité, susceptibles en permanence de compromettre, sinon de ruiner irrémédiablement cet état d'harmonie, toujours précaire, d'un monde qui n'a pu survivre ainsi que par un perpétuel miracle de la nature ou du Dieu des chrétiens, lequel aura, en désespoir de cause, jugé nécessaire d'y déléguer ses bons missionnaires, ses ingénieurs, ses instituteurs pour mettre bon ordre aux choses, apporter la lumière aux déshérités et les conduire vers la Terre promise du progrès et du développement.

Une toile de fond mythologique assure la liaison thématique des différents motifs qui composent les récits du livre de lecture. Elle procède des deux ordres antagoniques que sont, d'une part, les valeurs postulées, de l'autre, les contre-valeurs. Ce qui est affirmé consiste dans la lumière, la propreté, le silence, c'est-à-dire l'organisation des hommes et du monde.

La lumière s'oppose à l'obscurité et à l'ombre. C'est vers elle que tout s'élève, et par elle qu'on s'élève. L'ombre marque le lieu d'où l'on part, l'origine et le bord limite dont on ne peut plus descendre. Autour d'elle s'instaurent les divers lieux abhorrés et exclus du livre : l'ignorance, mais aussi la maladie, la misère et la mort, le village et ses manifestations culturelles spécifiques dont l'intégration tardive ne sera jamais, comme pour les langues locales, qu'une manière de récupération en vue de la consolidation d'un objectif invariant.[13]

La lumière s'oppose de même à la noirceur du corps et de l'environnement. Elle s'interprète en termes de propreté, celle du vêtement mais aussi de l'habitat, des aliments, du corps et de l'esprit. L'hygiène est son masque et son médium. Sa signalisation extrême, l'inodore, l'incolore, la transparence. Quant au silence enfin, il figure l'antithèse du bruit et de la pétulance de la nature vivante. C'est une vertu d'abstraction et d'ascèse—les corps demeurent immobiles et silencieux. C'est aussi, en creux, la vertu de la discipline et de la soumission. Au travers de ces diverses stations le corps s'évide progressivement de l'ombre, de l'opacité, du désordre originels afin de signifier la matité lisse et polie, c'est-à-dire, en somme, ne rien signifier d'autre, figurer l'insignifiance.

Car ces postures obligatoires réalisent et maquillent en même temps la structure souterraine du véritable drame instauré par le discours scolaire. Derrière la lumière, la propreté et le silence sont affirmées des valeurs d'ordre. Ce qui semble tu par contre, c'est le désordre auquel elles s'opposent. Tel est le masque et la parade du conflit invariant entre la culture et la *phusis*, conflit qui, en filigrane, construit le texte du livre. De la sorte s'établit, par-delà les motifs hétérogènes, une permanence thématique virtuelle, camouflée et cependant articulatoire, à la fois cénesthésique et discursive qu'on pourrait rapporter, à cause de son caractère ensemble inactuel et différé, à l'autre mythologie, grecque cette fois : celle de la contrariété des deux frères, Épiméthée et Prométhée, qui figurent les repères légendaires du projet et de la rétraction, du mouvement et de la station, du progrès et de la conservation.

L'un édifie l'histoire pendant que l'autre pense le mouvement que celui-là inaugure et fonde dans les faits. Au bout du compte un ordre s'établit malgré lui et, immergé dans cet ordre, *embarqué*, il ne peut rien faire d'autre que de le souffrir, si ce n'est d'aider à l'édifier. Voilà l'histoire, sous forme de mythologie, que relate le livre de lecture française à l'école primaire. Réalité référentielle, figure linguistique : passage initiatique obligé qui moule le monde et l'esprit de l'enfant noir, en le fissurant et en scindant ce dernier d'une origine d'abjection pour l'ancrer, par clivage, à une fin *admirable* et glorieuse.

Existe ainsi, d'abord en France sous la troisième République, puis exporté dans les terres outre-mer, un nombre réduit de schèmes discursifs solidifiés qui, transmis sous forme d'images, de gestes et de paroles, finissent par constituer, de façon résiduelle et diffuse, une réserve fabuleuse de lieux communs et un quantum d'énergie qui ne demandera qu'à s'investir, à la faveur des circonstances. On sait que *la légende est plus vraie que l'histoire*. Et l'histoire qui commence avec l'aventure coloniale en Afrique est un corps de légendes qui mérite sans doute d'être au moins défriché, en attendant son déchiffrement à venir.

S'il est admis que le mythe est le fragment d'une idée dans l'imaginaire, son champ opérationnel est nécessairement circonscrit dans l'espace et le temps ; ce, d'autant que son rendement optimum est fonction d'un discours-cadre. Aussi peut-on concevoir que certains mythes aient été privilégiés durant la période où ils avaient une portée réelle—de Gobineau jusqu'au nazisme—et, ou bien qu'ils soient tombés en désuétude, ou bien qu'ils aient été récupérés et intégrés dans un système plus vaste—capitaliste, colonialiste—qui les aura ingérés et rendus plus aptes, par le fait même, à une efficacité autrement opportune.

Le mythe semble, en effet, acquérir une couverture et une meilleure présentation sous le masque d'un discours élaboré ; et l'idéologie, plus que toute autre structure, peut lui servir de support commode, à cause notamment de son ambivalence constitutive, à la fois de monstre et de voile : la décadence d'un mythe peut de la sorte se voir convertir en un réinvestissement mythologique d'autant plus prégnant qu'il procède désormais sous le couvert d'un discours presque *naturel*, parce qu'ensemble énonçable et acceptable : l'idéologie.

Nul doute que le dispositif urbanistique, luminescent et blanchissant ait sa raison d'être, positive au regard du village, de l'ombre, de l'opacité de la négritude native. Il viserait, sans doute, la réduction nécessaire de ce qui persiste de tache en l'humanité. Projet on ne peut plus moral, prométhéen, d'uniformisation de l'espèce humaine par la civilisation : dispensaires, mairies, écoles, établissements de commerce, palais de justice, figureraient de la sorte le voie royale *ad lucem*.[14] Cela représente le masque et le miroir déformant que, dans le coeur du livre, la mythologie coloniale livre à l'intention de l'écolier qu'elle abuse, pour délivrer un message d'une meilleure efficacité. Car, du village à la ville, de l'ombre à la lumière, de l'opacité à la transparence, on a perçu que le noir, tel que le manuel l'établit, est abject. Objectivement cette abjection n'a aucun sens : la réduction pour elle-même serait absurde parce qu'elle fonctionnerait négativement.

Pour qu'elle acquière du sens, il faut qu'elle transite par un détour : la réduction du Noir dans le corps du livre vise à lui signifier qu'il n'est rien. Cela *est faux*. Mais, ce faisant, une barre l'entrave qui, à force de répétition, finit par produire sur lui l'effet de conditionnement recherché : le Noir sait désormais qu'il n'est *rien*, et veut néanmoins être *quelqu'un*. D'où, le besoin sécrété, développé et maintenu par le discours du livre, qui manipule l'enfant scolaire, vers un devenir qui, d'en soi, vire et s'altère : son être nié devient une disposition à être par autrui, pour autrui ; il se désintègre, s'aliène afin de se réaliser. Ce besoin d'être se condense dès lors dans son inconscient d'abord en demandes, puis en offres de service. Il s'absente de soi pour se projeter désormais dans des valeurs étrangères à sa culture, modèles censés pouvoir, seuls, accomplir l'humanité en lui. Modèles de santé, de travail, de morale, de vie, de bonheur.

Aussi va-t-il se développer un modèle de Noir en dehors duquel le Noir n'est pas acceptable et, dans le corps du livre, dit par celui-ci, l'image d'un contre-Noir, le Noir renvoyé à l'inactualité, non pas par le Blanc, mais par son congénère. Double négation correspondant à l'affirmation hypertrophiée du monde blanc, qui expliquerait l'absence des textes d'auteurs noirs et africanistes : Césaire, Delafosse, Gide, Senghor..., etc. Cela justifierait les aménagements, les retouches, les remords d'écriture qui ne tiennent néanmoins aucun compte positif ni de l'évolution des idées, ni de la sensibilité de l'opinion en métropole ou en Afrique, et *a fortiori* de la valeur de l'homme qui se trouve blessé en chaque enfant qu'on forme de la sorte.

L'histoire
La demande sociale de l'École en France

L'opinion moderne voudrait que l'École soit nécessairement un bienfait pour la société où elle s'implante. Elle ignore seulement, l'opinion, qu'elle-même est l'aboutissement historique d'une conception qui a dû triompher d'autres façons de voir, avec lesquelles elle est entrée en conflit dès l'origine : l'opinion moderne s'est construite à travers des circonstances particulières, et sa positivité théorique ne peut pas simplement faire abstraction des présupposés, modalités et finalités qui l'ont établie aujourd'hui non plus comme une opinion parmi d'autres, mais en opinion générale, *lieu commun*.

En effet, comme vecteur privilégié de l'instruction, on sait que l'École succède à d'autres vecteurs, tels l'Église, les vieux ou, plus précisément, les concurrence ou les double par sa pratique plus spécialisée. En France le phénomène est récent, puisque c'est du XIXe siècle que date la séparation de l'École et de la communauté villageoise. Cette coupure détermine la conception théorique de deux modèles d'instruction : le premier modèle, autonome, procède au XVIIè siècle de la communauté même. Celle-ci dispense les rudiments du savoir de manière horizontale, dans les foyers, les auberges, les presbytères et les chambres d'occasion par l'intermédiaire de maîtres itinérants ou de gens payés à la tâche, quand elle ne se charge pas de transmettre le savoir par la pratique agraire, artisanale ou par l'expérience des vieux. Le second modèle procède de l'Église, puis de l'État qui supplante cette dernière et « *à grands frais, ''parachute'' l'école, dans un vaste projet d'intégration culturelle et politique* »,[15] comme une greffe à la surface du village :

> La nouveauté de la maison d'école [est] de spécialiser un lieu et de l'isoler au sein d'une communauté. Ainsi l'apprentissage de la lecture et de l'écriture abandonne petit à petit foyers et auberges, presbytères, et chambres d'occasion, pour s'enfermer dans un espace réservé à cette fonction.[16]

Victime de « *l'illusion politique* » qui veut, suivant Marx, que l'histoire soit le résultat exclusif du projet et de l'action conscients de l'homme, l'État républicain en remettant, par l'École, « *entre les mains des pédagogues et des législateurs* »[17] la destinée des enfants, croit libérer celle-ci des contraintes rétrogrades de la coutume barbare et du gouvernement des instincts et des passions, pour l'ancrer désormais dans l'ordre de la raison universelle et la morale de la loi, lesquels lui ouvrent un horizon nouveau où l'humanité sera réconciliée avec elle-même :

> la dichotomie oral-écrit recouvre, pour les hommes de 97 comme pour ceux de 93, l'opposition temporelle ancien-nouveau, barbare-éclairé, mauvaises moeurs-bonnes moeurs qui donne son sens à la rupture révolutionnaire et à l'ordre qu'elle instaure [...] Vieille croyance, dont les éléments remontent au protestantisme avant d'être repris en compte par la Réforme catholique, et qui, laïcisée, radicalisée, constitue finalement le terrain d'élection de la mythologie républicaine ; c'est qu'elle seule permet d'imaginer, sur l'exemple révolutionnaire, la rupture brutale du temps, la fin du traditionnel, l'instauration d'une humanité réconciliée avec la raison et avec la morale.[18]

L'intervention unilatérale de l'État dans le champ de la science villageoise constitue à la fois une usurpation et une imposture. À travers l'École, l'État s'approprie et confisque le droit d'assurer désormais la formation des sujets dont il veut faire des citoyens éclairés, et la sélection des élites qu'il juge méritantes en fonction de critères discrets. Ce faisant, il spolie la communauté, mais aussi l'Église d'une grande partie de leur influence sur l'enfant : ce qui explique dorénavant en France que l'École,

> investie par cette croyance volontariste, ait été constituée en lieu stratégique de la formation des esprits, en enjeu central des luttes politiques.[19]

Cette lutte d'influence politique acquiert une coloration somme toute positive par le fait que la généralisation, un siècle après la Révolution, de l'école républicaine et gratuite par Jules Ferry répond à *« une demande sociale d'éducation qui monte avec la généralisation progressive d'un modèle culturel »*.[20] Georges Duveau peut ainsi constater chez les ouvriers du second Empire un goût de l'instruction qui correspond à *« quatre motivations fondamentales : commodité professionnelle, désir d'ascension sociale, souci de se comporter en citoyen responsable et, pour finir, agressivité à l'égard du patronat qui refuse l'instruction. »*[21]

En revanche, la conséquence la moins positive de la confiscation quasi monopoliste de l'instruction générale par l'École réside dans la place qu'elle réserve au village dans son discours. A la faveur de la formation scolaire et de la sélection des élites sociales par l'État, se manifeste une imposture : le village, d'une part, se vide de ses meilleurs éléments mais, surtout, il reste stationnaire au profit de la ville qui le pompe littéralement et le parasite sur le double plan économique et symbolique. Ainsi les bénéfices éventuels de la dynamique culturelle moderne semblent profiter aux élites urbaines aux dépens des populations paysannes qui se contentent de servir, comme fond de *sauvagerie*, de levier laborieux à la promotion globale de la société qui, en s'élevant, laisse la campagne en l'état, déshéritée :

> La promotion-émigration qu'assure l'école aux plus doués des enfants des campagnes contribue à maintenir, à travers la masse de ceux qui restent, la tradition de l'oral, frappée dès lors d'un regret qui est déjà un discrédit : dans la deuxième moitié du XIXè siècle, la France du Midi, en plein rattrapage scolaire et culturel, fournit ses fonctionnaires à la IIIe République, mais elle ne transforme pas la vie de ses villages. En constituant une possibilité d'évasion, et même rien qu'en incarnant l'image d'un emploi, l'école

sépare de la communauté ses modernisateurs éventuels : elle contribue à figer celle-ci dans ce qui était la tradition et qui est désormais ressenti comme résiduel.[22]

Du moment où ceux qui réussissent sont ceux qui savent le mieux lire et écrire suivant les normes de l'État républicain, et que la ville, par son rayonnement administratif, politique, économique et culturel devient—en dépit des vices millénaires dont l'Église, des philosophes, des économistes, des scientifiques en font le régime et le séjour favori—l'exemple de la modernité et le modèle d'entraînement, la pédagogie qui, à l'origine était d'inspiration religieuse, va se laïciser et devenir idéologie, si l'on entend avec Furet et Ozouf l'idéologie comme *« une représentation du social en termes d'action historique des individus »*.[23] Ainsi, après l'avoir soustraite à la double influence des familles et de l'Église, l'État républicain investit l'École d'une sacralité nouvelle et civile : l'*urbanité* dont procèdent les lumières de la connaissance économique et profane :

> [...] la ville est à elle seule acculturante. Dans les rapports des Commissaires du Directoire, c'est [...] la très vieille définition de la ville comme foyer des Lumières et de la Civilisation qui organise la géographie de l'instruction française, avec des îlots urbains éclairés se détachant sur un fond sombre. La résidence urbaine qui entraîne une vie de relation spécifique, serait l'élément déterminant de l'acquisition des connaissances.[24]

Une ritualisation par l'écriture individuelle vient dès lors se substituer aux rituels collectifs des cultures à transmission orale traditionnelles, devenant, par le fait même, l'incarnation de la société dont elle consigne les travaux et les jours sous la forme de l'histoire qu'elle contribue à fixer, sauvant ainsi les hommes d'une mort intégrale et conférant à la société une durée inédite jusque-là. L'économie de marché en générant la division sociale du travail répand donc la communication par l'écrit, qui à son tour généralise l'alphabétisation. La Révolution française fonde une mythologie de l'École qu'elle *« substitue à la société comme dépositaire de l'homme »*.[25] Devenue assez tôt le symbole de la supériorité, de la mobilité sociale et de la modernité, l'École va bientôt être l'objet d'un consensus global des divers partenaires sociaux qui, cela étant, *« l'investissent d'une fonction suréminente »*,[26] sans commune mesure avec sa valeur et son efficacité réelles.

Depuis lors on sait en effet que l'instruction est moins le symbole de la supériorité individuelle que son accompagnement ; elle est en outre susceptible de changer le destin d'une personne, non pas celui d'une société entière. En revanche, il est vrai que dans une société fortement alphabétisée, l'ignorance est une tare qui frappe de discrédit et/ou de discrimination, tout comme l'introduction de l'instruction scolaire dans une société sans tradition scolaire opère des mutations d'ordre à la fois social (perturbation de la sélection des élites), moral (déroute des *« vocations »* naturelles) et politique (déstabilisation des circuits coutumiers de savoir et de pouvoir). Furet et Ozouf achèvent leur analyse régionale du système des corrélations entre le réseau scolaire et l'alphabétisation ou la population scolaire en France, sur un constat d'inadéquations remarquables ; ils mettent celles-ci sur le compte de la néophobie de certaines régions qui, pour se protéger de l'intrusion de l'École, auraient tendance à développer une force d'inertie qui, le plus longtemps possible, empêche *« l'éclatement des isolants culturels »*. Cela veut dire en clair que, sauf les cas d'alphabétisation préalable qui déterminent un seuil de perméabilité à celle-ci, l'introduction de l'École est constamment perçue par le corps social comme une menace pour sa stabilité et/ou sa survie :

Ainsi l'accès à l'instruction porte en lui le risque d'une sorte de révolution silencieuse : il faut donc plus d'une génération pour que l'utilité sociale de l'écriture pénètre les esprits.[27]

Mais on sait aussi que l'École, non seulement finit par se généraliser à l'ensemble du corps social des villes et des campagnes, des notables aux ouvriers, des prêtres aux laïcs, mais qu'en plus elle s'acclimate et se trouve à ce point assimilée par le peuple de France qu'elle finit par constituer, quoiqu'on en ait, à la fois le canal de transmission des connaissances et l'outil privilégié de contrôle et de reproduction sociale :

> Ainsi la demande populaire vient appuyer celle des notables conservateurs ou libéraux [...] Le crédit fait à l'école comme instrument de contrôle social réconcilie, au-delà du débat politique, toutes les élites. Quant aux classes populaires, on comprend aussi ce qui lie leur faim d'instruction aux réquisits de la bourgeoisie libérale : la religion du mérite, l'image de la réussite individuelle dans le cadre d'un progrès collectif constant ; ce sont elles qui produisent ce « grand mouvement de progrès qui excite l'activité et l'ambition de chacun ». [...] Ce qui compte pour comprendre le triomphe de l'institution scolaire, ce n'est pas le bien-fondé d'un consensus, mais sa solidité.[28]

La solidité du consensus repose principalement sur le désir de la communauté villageoise initiale, laquelle n'a pas attendu, pour manifester son besoin d'un modèle d'instruction, que l'État y pourvoie, mais s'est d'abord dotée d'un outil autonome dont l'efficacité l'a ensuite fait récupérer, amplifier et généraliser par des divers régimes qui en ont fondé la légitimité politique et historique. La nationalisation légale de l'institution scolaire ne constitue, en bonne logique, que la sanction d'innombrables concours particuliers qui ont collaboré, près de trois siècles durant, au bâtiment de cet appareil incontournable et, en dernier ressort, inaliénable non seulement parce qu'il constitue un bien public, mais davantage, au même titre que la langue ou la patrie, parce qu'il est partie du patrimoine national, une propriété collective, objet double d'investissement et d'identification de la communauté française :

> [...] ce système scolaire, loin d'être dans notre histoire, expliquent Furet et Ozouf, une institution imposée d'en haut du pouvoir vers la société, est au contraire le produit d'une demande sociale d'éducation, qui monte avec la généralisation progressive d'un modèle culturel [...]. Lorsque Jules Ferry instaure, un siècle après la Révolution, l'école républicaine, laïque, gratuite et obligatoire dont les jacobins avaient rêvé, l'alphabétisation des Français est quasiment acquise : c'est que, pendant les deux ou trois siècles qui l'ont précédé, et dont sans le savoir, sans le vouloir, il hérite indistinctement, les communautés d'habitants ont fondé, gouverné, financé leurs écoles.[29]

L'École correspond de la sorte en France à un besoin communautaire ; avant d'être une fonction sociale, elle représente un symbole de prestige ; ce quasi fétichisme dont on l'investit entoure l'École d'une aura magique, presque religieuse qui peut expliquer les passions exacerbées qui, à l'occasion, s'emparent de ce peuple réputé pourtant spirituel voire rationnel, et qui semble soudain perdre la raison lorsque d'aventure un gouvernement envisage une réforme de l'École, ce temple consacré de la Raison nationale. Ce délire émotionnel, l'Africain *sans histoire*, habitant d'une ancienne colonie française n'est pas, malgré sa francophonie et quoique *l'émotion est nègre*, près de le comprendre, et sans doute éclaterait-il de son bon *rire banania* à la folie de ces Blancs, s'il n'avait conscience finalement que, *l'air de rien*, ce qui se joue dans un débat national en France, en 1981, en 1986 voire aujourd'hui, le concerne et concerne son enfant qui va à l'école, même quand ce dernier a peut-être la chance de considérer déjà *Mamadou et Bineta* comme une pièce de collection familiale. Car l'opinion qui ne prendrait pas en compte la perspective historique qu'on a maladroitement[30] tenté d'esquisser ici de l'École en France, cette opinion se verrait à bon droit suspecter, voire contester, si elle persistait *innocemment* à vouloir que l'École—française notamment—soit un bien de tout temps et partout.

La nuisance sociale de l'École en colonie

A beau mentir qui vient de loin, énonce le proverbe français, qui ne croit pas si bien dire. Initiative de l'Église qui impose à ses fidèles la lecture des Écritures ou qui, par elle, exerce son influence sur les enfants et leurs familles, l'École devient transitoirement raison d'État en France, sans jamais cesser de correspondre à un besoin—même partiel—de la communauté des Français qui ne l'auront jamais ressentie seulement comme une imposition, à l'instar des populations d'outre-mer. Celles-ci découvrent dans le même mouvement la scolarisation et la colonisation sans qu'aucune de ces violations institutionnelles de l'histoire ne paraisse exaucer chez elles un désir, même inconscient comme on a pu le faire accroire[31]. Ce, d'autant que la violation scolaire ne va pas sans violences d'ordre à la fois physique et symbolique : la civilisation autochtone est de tradition orale ; l'École étrangère transmet ses connaissances par le canal de l'écriture. Les systèmes de référence diffèrent : le village, la tribu, les ancêtres, le totem, la chefferie, les classes d'âge, la polygamie, l'économie de subsistance, le troc, l'*écophilie* qui est l'intuition du respect de l'environnement et d'autrui..., d'un côté ; de l'autre, la ville, la nation, les saints, Dieu, l'État, la compétition, la monogamie, l'économie de marché, le capital, l'agressivité écologique, *etc*. La confrontation symbolique est inévitable à cause de la double exclusion des normes culturelles, laquelle s'amplifie de la mythologie propre à l'institution scolaire française : celle-ci, depuis la Révolution, assimile la campagne à la barbarie, l'obscurantisme, l'instinct, le désordre moral, le retard économique et social. L'Afrique noire sera d'autant plus sujette à l'abaissement qu'elle représente *une terre sauvage habitée par des peuplades primitives*. Le discrédit qui va s'abattre sur l'homme et son continent sera implacable à mesure des préconceptions fondamentales du peuple qui colonise, mais aussi parce que la méthode coloniale est à base de pédagogie. Aussi l'École aura ici une fonction pédagogique redoublée : on comprend que ce redoublement pédagogique ait pu *du passé faire table rase* et, en conséquence, faire *main basse* sur la *terre étranglée* de Soudan.

    D'être une imposition extérieure institue dès l'origine l'École, même confessionnelle, en Afrique noire comme une *discipline* et non comme un besoin du corps social qui ne l'invente pas comme liberté, mais la subit comme martyre. L'École française en colonie a foncièrement un statut et une fonction qui sont politiques. Alors qu'en France *« l'école est un produit des sociétés avant d'être un élément de leur transformation »*,[32] ici au contraire, c'est un agent de modification qui ne vise nullement, malgré diverses adaptations, à s'intégrer dans une culture qu'il méconnaît ou minore. Son intention première est de déraciner l'individu dans une société qu'elle déstabilise en y introduisant des idéaux et des conventions exogènes et surplombants. Le but de la scolarisation consiste moins, dans ce cas, à assurer la promotion continue et la socialisation progressive du sujet scolarisé dans un groupe et un univers eux-mêmes intégrés et cohérents, qu'à désintégrer les membres du corps social en éléments qu'elle éparpille ensuite dans tous les sens, au gré d'une demande économique qui n'est pas *nationale* mais extravertie. Dans cette mesure l'École coloniale rappelle l'établissement scolaire du XIXème siècle qui, dans la pensée des notables du moins, correspond à une fabrique d'exemplaires standard de types socioprofessionnels dont elle assurait la circulation sur le marché économique et garantissait le contrôle dans le champ social et politique ; car si tout le monde se trouve impliqué dans le processus scolaire (notables, élites en gestation, masses populaires), Furet et Ozouf distinguent en France, parmi les motivations de chaque catégorie sociale, celles des décideurs :

> Les notables d'abord, qu'ils soient sociaux, économiques, religieux. L'École pour eux, c'est avant tout l'instrument du contrôle, de la moralisation, de la discipline des masses populaires [...] Guizot, Ministre de l'Instruction publique, adresse aux instituteurs de France pour l'exécution de sa loi [une lettre qui] résume sa pensée et sert à la fois de credo aux notables : « l'instruction primaire universelle est désormais la garantie de l'ordre et de la stabilité sociale [...].
>
> Et, bien entendu, il faut contenir cette instruction dans les plus étroites limites : « aux connaissances les plus simples, d'usage vraiment universel [...] » les préceptes de la religion et de la morale, les devoirs généraux des hommes en société, et des connaissances élémentaires qui sont devenues utiles et presque nécessaires dans toutes les conditions, autant pour l'intérêt de l'État que pour celui des individus.[33]

Un discours équivalent se tient en colonie au XXe siècle. Nombre d'esprits bien intentionnés protestent véhémentement contre l'introduction des programmes français et le système de sélection des élites. En 1931, au cours d'un voyage qui le mène de Dakar au Cap, un jeune agrégé de l'Université, Jacques Weulersse, rédige un journal dans lequel, méditant notamment sur l'enseignement des indigènes, il propose qu'un idéal susceptible *« d'allier l'enseignement vernaculaire à celui du français »* puisse remplacer la pratique réelle des partisans de l'assimilation de l'autochtone qui, *« pour avoir voulu en faire un demi-Français »* en auront paradoxalement *« fait un anti-Français »*, agent de mécontentement et de révolte.[34] Davesne évoquera l'hostilité de certains milieux à la transposition intempestive en colonie d'un modèle scolaire acclimaté en France, mais jugé impropre ici :

> Cette généreuse conception qui s'inspire d'un noble idéal, a été passionnément critiquée. Non pas du point de vue racial, mais du point de vue de l'intérêt français.
>
> De très bons esprits ont exprimé la crainte que les principes d'égalité, si contraires aux traditions millénaires des pays coloniaux, ne se retournent contre le prestige de la nation colonisatrice et ne favorisent certaines revendications—bien prématurées—d'émancipation et d'indépendance. D'autres se sont défiés de la sélection opérée par l'école [...]. L'absence ou l'insuffisance d'éléments modérateurs, la juvénile confiance qu'il puise dans un savoir tout neuf qu'il confond avec la sagesse, risquent d'égarer l'indigène instruit dans nos écoles et de le conduire à des catastrophes.[35]

Afin de pallier les insuffisances ou les excès qu'elle pourrait ou comporter ou engendrer, l'institution politique qui l'établit en colonie assigne à l'École des tâches spécifiques qui, outre

L'École comme enjeu stratégique dans l'imaginaire et dans l'histoire

la formation des commis d'administration ou de commerce et la sélection des élites sociales et urbaines, vise des objectifs élémentaires et utilitaires proches de ceux que formula Guizot. Georges Hardy naturellement définit le code de cette École, son mode d'emploi et ses limites :

> Sans doute faut-il reconnaître que l'enseignement aux colonies n'est et ne peut être qu'une manifestation de la « politique indigène » et qu'il doit se maintenir en rapports étroits avec les chefs de cette politique, Gouverneur général et Gouverneurs locaux [...]. Nous voulons, par l'école indigène, amener les enfants à comprendre la nécessité du progrès et les détacher des routines dangereuses [...], améliorer la vie indigène, surtout dans ses conditions matérielles [...]. Nous voulons, enfin que l'école de village soit *un instrument de moralisation et de loyalisme*. Tout son enseignement est pénétré d'éducation morale, *et le nom de la France est invoqué, toutes les fois qu'il s'agit d'un progrès réalisé ou d'un progrès possible* [...].
>
> Tous ces enseignements [...] demeurent modestes *[...]. Ils ne conduisent pas à la science pure*, mais ils rapprochent de nous des gens qu'un abîme séparait de nos idées et de nos sentiments [...].
>
> Il y a, pour le moment, deux cents écoles de village en A.O.F. [...] groupées en circonscriptions scolaires autour des écoles régionales [...]. Si celles-ci forment pour notre commerce et notre administration quelques employés utiles, celles-là préparent à notre activité économique tout un peuple de bons auxiliaires et assurent profondément notre action colonisatrice.
>
> Il est probable aussi qu'elles écouleront [...] mais il faut, il faut absolument qu'elles restent

> modestes, pratiques, exactement adaptées au milieu, simples dans leur organisation, et, dans leur fonctionnement, aussi souples que possible.[36]

Modestie, adaptation au milieu, valeur utilitaire, enseignement en français, autant de caractéristiques qui visent à désamorcer, par le concret et la discipline, les germes centrifuges et les effets indésirables que peut induire l'initiation au progrès. Ce faisant, l'École rassure et développe en conséquence son efficacité :

> Elle atténue, dans la mesure du possible, et voile de prudence l'esprit révolutionnaire de ses programmes[37] [..;] et tout ce qu'on pourra faire ou dire contre cet apprivoisement excessif ne servira à rien.[38]

Au XIXè siècle en France, alors que les utopies humanistes propagent la conviction que les acquisitions techniques de l'École (lecture, écriture, calcul) ont une vertu *« immédiatement libératrice »*, ceux que Furet et Ozouf désignent comme les *« futures élites républicaines »* adoptent une position plus réaliste, inspirée du mercantilisme prosaïque de leurs aînés sociaux, les notables en place :

> Cette classe nouvelle ne veut pas plus que l'autre donner aux classes populaires l'arme absolue de leur émancipation; [...] elle cherche elle aussi à fournir de « bons travailleurs » à l'État républicain, à fournir des producteurs capables de développer la prospérité du pays.[39]

De même au XXè siècle en colonie, sous couleur de libérer les autochtones de la tyrannie de croyances et de moeurs barbares et rétrogrades, sous prétexte d'y apporter, par l'instruction, les bienfaits de la civilisation et du progrès, la machinerie coloniale établit et multiplie dans nos campagnes un appareil scolaire dont la fonction cardinale consiste moins à assurer, comme en France malgré tout, la promotion des personnes et des peuples, qu'à produire et à reproduire les meilleures conditions possibles pour l'exploitation optimale du continent noir ; Albert Charton, Inspecteur général de l'enseignement en A.O.F. en résume le projet en termes clairs :

> En A.O.F. la colonisation [...] suppose la transformation de la société indigène ; essentiellement elle est changement d'État, action, intervention [...]. L'éducation déborde de cadre de l'école [...]. Réciproquement, l'école est solidaire de tout l'effort colonial qu'elle prépare, rend possible et justifie.[40] [...]
> En pays indigène, l'instruction n'est pas une fin en soi, elle est voulue pour son utilisation.[41]

Cependant, il vient un jour en France où, même si elle est nécessairement piégée, une alliance consensuelle [42] s'instaure dans le corps social autour de la nécessité de l'instruction. Car, si la réussite inattendue d'un enfant de modeste condition constitue pour la bourgeoisie un argument mythologique qui survient à point nommé, quelquefois, pour légitimer le fonctionnement du système inégalitaire de l'École, elle n'en demeure pas moins pour la famille concernée un motif de satisfaction, et un ressort pour l'ambition et l'espoir de nombreuses autres familles d'ouvriers ou de paysans français.[43] Un scénario mythologique équivalent fonctionne en Afrique au XXè siècle autour de Boubacar—le frère de Mamadou et Bineta— qui est parti en ville, M. Diallo le maître d'école, M. Diouf le commerçant, Camara l'ancien soldat ; ceux-ci font la fierté du village—aux yeux duquel ils figurent la réussite sociale par l'École—et chantent la gloire du régime colonial sans lequel ils seraient demeurés, comme leur congénères, *des villageois* : ce terme générique qui signifie *habitant du village* ou *propre au village* est, en contexte colonial ou post-colonial, marqué comme péjoration. Il s'est enveloppé, au fur et à mesure, de toutes sortes de connotations : la sauvagerie dont on affecte le *broussard* auquel il est substituable ; l'infériorité ou la pauvreté attribuées à l'analphabète ou au peuple dont la condition modeste s'expliquerait parce *qu'ils n'ont pas eu la chance d'aller* ou *de réussir à l'école*.

Cette chance, on le devine, est parcimonieuse et fort sélective en situation coloniale. Car, pour *« recruter chez les autochtones des jeunes agents de liaison et des agents d'exécution, les instruire, les éduquer, les renseigner sur ce qu'on attendait d'eux et des populations, bref constituer un cadre de fonctionnaires indigènes,* [non seulement le régime] *institua un système de « paliers » scolaires : écoles préparatoires, élémentaires, régionales, primaires supérieures, grandes écoles techniques (administration, pédagogie, médecine, etc.) chargé d'assurer une sélection rigoureuse des effectifs,* [laquelle écréma] *quelques élèves, les mieux doués* [qui] *passèrent d'une école à l'autre »,*[44] mais mieux encore, rendue inquiète par la facilité déconcertante de sujets particulièrement doués et par l'engouement des *« candidats à l'école »*, cette dernière dut restreindre la palette de sa sélection sociale scolaire aux *« anciens chefs ou leurs descendants »*, qui pour la plupart boudèrent le système : ils *« se défiaient sans doute des effets de notre action scolaire ou [...] désiraient sauvegarder dans leur intégrité les coutumes dont ils étaient les dépositaires »*.[45] Ainsi on peut dire, au regard du mode de recrutement comme à celui de la sélection sociale, que la société indigène ne tire guère qu'un profit résiduel de l'École coloniale, d'une part, à cause du système hyper sélectif résultant de la multiplication des obstacles mais, surtout, par le parti pris de l'École d'assurer prioritairement la promotion des enfants de notables, détenteurs de privilèges antérieurs à son institution.

Il importe néanmoins de relever, selon l'aveu même de Davesne, que les dépositaires du pouvoir coutumier considèrent moins l'École comme un bienfait, et la réussite scolaire comme un moyen de promotion sociale que comme des facteurs d'aliénation et de dévaluation politique. Aussi en préservent-ils leur progéniture—qu'on croit favoriser par l'École—en y envoyant « *à leur place quelque enfant d'humble origine de sorte qu'au moment de succéder à son père le jeune chef ignorait tout de notre langue et de nos méthodes* ».[46] Cette insubordination à peine voilée et, en tout cas, ce refus de collaboration de nombre de chefs traditionnels est capital pour des sociétés où le détenteur du pouvoir et du savoir est censé être l'expression du consensus villageois. C'est la preuve du rejet de l'École par le corps social dans lequel elle s'établit. Dès lors que les élites originaires jugent superflu voire compromettant son label, les élèves par défaut qu'à la place l'École promeut comme élites scolaires bénéficieront d'une reconnaissance plutôt coloniale que sociale, et seront nécessairement en constant porte-à-faux par rapport à leur univers ambiant. De là, l'évasion urbaine comme solution précaire aux problèmes liés du malaise scolaire et de la crise villageoise, dont la cause réside principalement dans le paradoxe suivant : la cible privilégiée par l'enseignement colonial pour assurer le contrôle social effectif, c'est l'aristocratie traditionnelle, laquelle aristocratie ne veut pas du système scolaire ; par contre, la clientèle favorite de l'École française, c'est l'enfance déshéritée de la société traditionnelle qui embarrasse, en conséquence, le régime colonial dans sa quête de légitimité auprès de l'autorité établie ; celle-ci lui opposant ses élites marginales comme un grief, et comme le corps du délit.

Ainsi l'élite issue de l'École est nécessairement suspectée, à cause de sa génération coloniale. L'École, bien que légale, est difficilement sentie comme légitime, parce qu'elle n'est pas d'inspiration communautaire, et qu'elle ne constitue pas davantage l'objet d'une véritable aspiration populaire : loin d'assurer la promotion des enfants qu'avec tambour et trompette elle forme, elle semble plutôt viser, à travers ceux-ci, la programmation rationnelle de l'exploitation des hommes et des ressources. Parce que l'École ne sert pas de miroir à la communauté dont elle figure le repoussoir, parce que le village ne peut plus guère reconnaître ses enfants ni dans ces malheureux que l'École lui renvoie sous forme de déchets, ni dans ces messieurs de la ville avec cravate et lunettes, qui font des manières à la campagne où, naguère, ils représentaient l'écume, le système scolaire se révèle—au contraire de la France—inapte, en Afrique, à devenir *« un phénomène social avant d'être un instrument technique : l'image d'un ordre à instaurer, ou d'un prestige à conquérir—un symbole avant d'être une fonction »*.[47] Aussi bien *« son enracinement ancien »* dans l'histoire française correspond inversement à son rejet foncier, comme greffe précoce ou incompatible, par le corps social de l'Afrique francophone.

Furet et Ozouf proposent l'hypothèse qu'*« une certaine entropie scolaire »* fonctionnerait comme force d'inertie dans une zone où l'École fait face à la résistance du milieu récepteur. Le temps nécessaire pour roder la machine correspondrait alors à un investissement coûteux, et à un rendement infime en proportion. C'est le *cas E et non* de leur carte scolaire (c'est-à-dire présence d'école et analphabétisme) : dans cette catégorie se rangent en 1837 l'Aquitaine, les pays vendéens, les départements frontaliers de la France alphabétisée : Mayenne, Sarthe, Loir-et-Cher.[48] La comparaison du taux de scolarisation avec la population totale de 1837 ou avec la tranche d'âge scolaire de 1850, laisse apparaître des profils équivalents : le nord-est de la France achève sa scolarisation et son alphabétisation au moment où le peloton de queue, resté stable, commence seulement l'une et l'autre.[49] Il pourrait ainsi exister *« un seuil culturel minimal sans lequel l'école ne peut jouer de rôle positif dans le processus d'alphabétisation »*.[50] Divers obstacles d'ordre climatique et géographique, familial, professionnel (aide aux travaux) et financier (taux de l'écolage) expliquent cette fréquentation scolaire irrégulière, dans les régions où elle est rare ou d'implantation récente. Mais une fois ces obstacles vaincus, l'École s'acclimate à la région, et l'assiduité se trouve améliorée.

Il en va autrement en revanche des régions de « *la France qui ne parle pas français* », c'est-à-dire les régions non francophones de l'Hexagone, notamment l'Occitanie, le Pays basque, la Catalogne où « *le retard d'alphabétisation paraît relever* [d'une] *distorsion entre culture parlée et culture écrite qui freine— voire bloque tout à fait—la demande sociale d'instruction* ».[51] C'est aussi le cas de la Bretagne bretonnante moins scolarisée que la Bretagne galloise, laquelle a assimilé au préalable la culture écrite, tout comme le Béarn non francophone mais alphabétisé dès le XVIIIè siècle, qui adhère au XIXè « *aux valeurs socioculturelles de la nation et au progrès par l'instruction* »,[52] à la différence de la communauté populaire basque demeurée « *étrangère à l'écrit dans sa langue même* », et qui est par conséquent réfractaire à toute forme d'intégration : « *l'analphabétisme est, comme l'émigration, la manifestation de ce refus collectif* ».[53] L'Africain ne peut naturellement pas émigrer volontairement de son propre sol, à moins que l'émigration soit vécue métaphoriquement comme exil intérieur, par la dissidence et la *réfraction*.

En revanche—et cette description a d'autant plus d'intérêt pour notre étude qu'elle rend compte d'une situation intérieure à la France—Furet et Ozouf rapportent l'expérience de ces minorités linguistiques et culturelles, qui sentent leur intégrité menacée par « *la centralisation monarchique* [...], *l'unification jacobine* [...], *cette idéologie d'une humanité homogène qui est le ciment de la communauté nationale* »,[54] à un mode de vécu colonial. Le refus de scolarisation, l'hostilité ou l'indifférence à l'École seraient, déjà au XIXè siècle en France, le signe d'une attitude anticolonialiste ; « *le rapprochement* [...] *n'est du reste artificiel qu'en apparence* », poursuivent les auteurs qui précisent au sujet « *de la France du retard* [qui] *est aussi la France du refus, y compris du refus de l'école* »[55] :

> On pourrait, dans ce cas, parler d'une situation ressentie—à tort ou à raison, là n'est pas notre problème—comme de type « colonial ».[56]

Là précisément *est notre problème* : le système scolaire français est vécu par des groupes linguistiques en France comme la négation de leur personnalité et de leur culture. Des Français refusent leur propre modèle d'instruction et de socialisation par l'École au point d'émigrer ailleurs, de se rebeller—ou d'en arriver aujourd'hui même au terrorisme qui constitue, formellement, une réaction violente à une situation d'intolérance institutionnelle. Parce que ce mode de transmission écrite, individuelle et centrale des connaissances ne s'adapte pas à des cultures à transmission orale, communautaire et marginale, sa généralisation à l'ensemble du peuple de France rencontre, certes, l'adhésion de la majorité : elle n'en définit pas moins des pôles de résistance, de refus ou de blocage qui attestent, dès l'origine, que sa domination peut être vécue comme une colonisation. C'est donc un outil potentiellement *colonialiste* de réduction des cultures françaises non francophones qui va être transplanté, hors de l'Hexagone, pour contribuer à l'instruction d'autochtones et à l'implantation de la France impériale. L'histoire serait ironique, dit-on, parce qu'elle se mord la queue : ainsi, la nation colonisatrice aura, pour justifier théoriquement une pratique concrète d'exploitation de l'espace et du temps de certaines peuplades réputées barbares, voire sauvages, recouru à un argument imparable *a priori* : la pédagogie, qui se trouve être la vertu la plus contestable du système scolaire central français.[57] Furet et Ozouf citent le cas de l'Algérie où le recteur d'Alger constate devant la désertion des écoles du M'Zab que *« les Mozabites sont hostiles à l'instruction française ».[58] Face à la constitution désormais admise de l'École comme « lieu stratégique »* et *« enjeu central des luttes politiques »*, il ne semble pas déplacé, à nos yeux, de généraliser la réflexion que leur inspire l'exemple algérien à la zone française d'Afrique :

la répugnance que montrent les « indigènes » à l'instruction proposée par le colonisateur [...] est interprétée non comme une preuve d'indifférence ou de passivité, mais comme le symptôme d'un véritable rejet culturel.[59]

L'opposition conciliante des Chefs comme des notables traditionnels menacés dans leurs prérogatives locales, qui envoient les enfants d'esclaves à *l'école des fils de Chefs* comme des otages, l'apparente euphorie de l'engouement scolaire initial qui a tôt fait place au désenchantement, si ce n'est à l'aigreur revendicative des élites coloniales culturellement déclassées, témoignent de ce que l'École française en Afrique, comme à Tahiti,

> introduite ex abrupto, et du dehors, imposée d'en haut, [...] se trouve investie, plus encore que dans la France paysanne du XVIIIè ou du XIXè siècles, d'un prestige suréminent. Elle n'est pas simplement le signe de la promotion sociale ; elle est la supériorité du monde colonial sur le monde indigène.[60]

L'École ne fait pas, dans le livre, la promotion de l'Afrique et n'assure pas, dans la réalité, la considération des Africains qu'elle promeut et déçoit. Elle assoit et consacre dans l'esprit l'image de la France, et le mérite des Français. Son discours, qui n'est pas celui de l'indigène, ne concerne pas ce dernier qui, pour donner le change, va, au meilleur des cas simuler son appropriation symbolique par la lecture, tout en résistant à l'injonction de la formule de modification culturelle. Procédant de manière cynique, certains vont ainsi exploiter à leur avantage les dispositions de l'École, sans y accorder un intérêt substantiel, tandis que d'autres y mettront, pour leur malheur, toute leur foi ou, au contraire, toute leur capacité de refus, sans que jamais la société soit positivement modifiée dans la mesure où, pour paraphraser Furet et Ozouf, *il y aura bien eu en Afrique coloniale française des établissements scolaires, mais il n'y aura pas eu de société qui les ait voulus et fondés.*[61]

L'implantation d'une telle École ne peut concourir qu'à une fin : déstructurer les corps sociaux de l'Afrique. L'antinomie initiale est patente, en effet, entre les deux forces en situation : l'une, soutenue par la puissance coloniale, prône le progrès, c'est-à-dire le renoncement à des croyances et des conventions séculaires ; l'autre, accoutumée à transmettre son héritage de connaissances, de rites et de coutumes à ses enfants, n'admet qu'on les lui arrache qu'à contrecoeur, pour les conduire à la lumière blessante du soleil occidental. L'influence pédagogique de l'École va ainsi à l'encontre des contenus des valeurs traditionnelles du milieu social familial qui, ne pouvant opposer un contrepoids proportionnel à l'action du système scolaire colonial, tourne néanmoins autour de son propre axe, exerçant en conséquence une pression divergente sur l'esprit de l'enfant. Le contenu des programmes comme l'institution de l'École, déjà étrangers à la structure sociopolitique locale, s'en absentent davantage encore en n'adhérant pas à ses normes, de sorte qu'aucune assimilation ne s'établissant entre les deux pôles, l'école demeure, de l'avis d'experts autorisés de l'U.N.E.S.C.O., une intruse *« incapable de refléter et d'interpréter véritablement la société qu'elle est destinée à servir ».*[62] Aussi persiste-t-il, lorsque par la force des choses l'établissement scolaire est admis, un fossé entre l'École et le milieu social familial, perceptible à travers ce malentendu caractéristique : l'École vise *« la transformation durable, équilibrée et progressive de la vie indigène ».*[63] Ses idéaux subtils et intangibles de connaissance artificielle sont reçus et réinterprétés par les parents et les élèves sous forme de motivations intéressées à l'école et aux études. Vingt ans après les indépendances africaines, d'autres spécialistes confirment cette inadéquation persistante de l'École avec les normes de la société qu'elle est censée servir :

> [...] pour la plupart des élèves, mais aussi des parents, la motivation à l'école et aux études est très largement extrinsèque en même temps que très fortement et très précisément centrée : la promotion sociale par l'accès à des professions libérales ou à des fonctions du secteur tertiaire, particulièrement dans l'administration publique, et par l'accès à un style de vie urbanisé prenant son modèle dans les société développées [...]
> De cette motivation initiale et tenace, des fondements socioculturels des connaissances et du milieu scolaire, il résulte aussi des modèles et des modes de comportement, un système ou du moins une constellation de valeurs qui désaccordent profondément les enfants à leur milieu d'origine, celui justement qui aurait le plus besoin, pour son développement, de leur travail et de leurs ressources intellectuelles [...] Quant à ceux que le système éducatif a abandonnés, ou qui l'ont abandonné, non seulement un grand risque existe qu'ils perdent rapidement l'acquis scolaire [...] mais encore leur passage par l'école crée souvent entre eux et la communauté un divorce psychologique et moral dont se ressentent à la fois l'équilibre social, les relations familiales et la participation éventuelle aux projets de développement.[64]

La conséquence de la déstructuration du tissu social africain se manifeste ainsi par ce que les spécialistes appellent la *désocialisation* de l'enfant. Parce que l'École ne comble pas les aspirations réelles des familles, mais contribue au contraire à contrebattre leur influence sur leurs enfants, ceux-ci se trouvent ballottés par le feu croisé de sollicitations qui, au mieux se neutralisent, et au pire s'instaurent en eux sous la forme d'une dualité d'autant plus tyrannique qu'elle est irréductible du fait de l'orientation divergente, en situation coloniale, des deux univers culturels en présence et en conflit. Au lieu de s'orienter vers les besoins perspectifs de la société locale, l'École sert la quête des profits immédiats de la métropole ; au lieu de viser à impulser le développement harmonieux des capacités potentielles des indigènes en vue de l'assimilation heureuse de l'influence scientifique, technique, philosophique et esthétique moderne dans la continuité d'une tradition, elle rompt le mouvement et blesse la personnalité par la distribution des pénalités. Aussi l'adolescent qui sort de l'école souffre-t-il, même en cas de réussite scolaire parfaite, d'un handicap social du fait de son inadaptation à une société elle-même en déroute parce qu'elle a, sous la pression politique et économique de l'empire colonial, perdu l'autonomie de décision et d'action, mais surtout *« l'esprit créateur et réalisateur qu'il faut* [aux communautés humaines] *pour façonner les formes nouvelles de leur existence »*.[65] Et si, des générations après son implantation, elle ne correspond toujours pas à une réelle demande sociale, si elle ne contribue pas à transformer positivement la société post-coloniale dans le sens de son propre intérêt, c'est non seulement que tel n'était pas le rôle primordial de l'École en colonie, mais plus encore, que la fonction qui a dû présider à son établissement l'a à ce point finalisée, elle s'en est si efficacement acquittée qu'à défaut de s'intégrer normalement en Afrique noire, elle s'y est néanmoins imposée comme une commodité, si ce n'est une nécessité de l'histoire.

Notes

1. *L'Aventure ambiguë*, Julliard, UGE 10/18, 1961, p.47.
2. *Id.*, p.124-125.
3. *Id.*, p.60.
4. *Cf. Philosophie morale. Problèmes de notre temps*, P.U.F., 1956, p.126.
5. C.H. Kane : Ouvr. cit., p.60.
6. *Id.*, p.59.
7. *Une Conquête morale. L'Enseignement en A.O.F.*, A. Colin, 1917, p.340. Nous soulignons.
8. Ouvr. cit., p.60-61.
9. Hardy exhorte précisément le colonisateur à réduire au plus vite cette dichotomie nuisible entre le Village et l'École : *»Le milieu social, religieux, familial met fréquemment son peu d'influence morale au service de routines barbares et de préjugés dangereux. Sans parler de l'anthropophagie, qui sévit encore dans certaines régions de la forêt dense, il nous suffira de rappeler ici les redoutables pratiques qui naissent de la croyance aux sorciers, du poison de l'épreuve, et les conséquences de défauts parfaitement tolérés ou même honorés chez certains peuples comme la vanité, la paresse, la prodigalité, etc. Si nous renoncions à miner, avec patience et prudence, cette fausse moralité, le meilleur de notre oeuvre serait d'avance condamné ».* (*Une Conquête morale...*, p.268-269).
10. Ouvr. cit., p.159. Nous soulignons cette progression de la communication, révélatrice d'un égal déplacement de l'axe de l'autorité villageoise.
11. *Une Conquête morale...*, p.155-158.
12. *Id.*, p.158. Nous soulignons.
13. A travers l'exemple des *écoles de fils de chefs*, Davesne montre le parti que la colonisation a su tirer des forces sociales traditionnelles pour consolider la sienne qui se trouvait contestée à travers les élites scolaires et à l'autorité mal assurée auprès des indigènes. (*Cf. Croquis de Brousse*, Le Sagittaire, Marseille, 1942, p.265-267).

14. Une chaîne d'établissements hospitaliers des missionnaires s'est ainsi désignée de façon constante, alors que l'hymne national — dont la mélodie militaire évoque la Marseillaise — est une composition des élèves de l'École Normale de Foulassi qui, jusqu'à sa réactualisation en 1972, s'ouvrait sur ce couplet *proverbial* :

    « O Cameroun, berceau de nos ancêtres,
    Autrefois du vécus dans la barbarie,
    Comme un soleil, tu commences à paraître,
    Peu à peu du sors de ta sauvagerie. »

    Il n'est pas indifférent que Foulassi ait été aussi un établissement confessionnel.

15. Furet (F) et Ozouf (J) : *Lire et écrire—l'Alphabétisation des Français de Calvin à Jules Ferry*, Éditions de Minuit, Paris 1977, p.286.

16. *Id.*, p.287.

17. *Id.*, p.349.

18. *Id.*, p.366.

19. *Id.*, p.349.

20. *Id.* p.350.

21. *Id.*, p.152.

22. *Id.*, p.368-369.

23. *Id.*, p.362.

24. *Id.*, p.229.

25. *Id.*, p.113.

26. *Id.*, p.114.

27. *Id.*, p.282.

28. *Id.*, p.153.

29. *Id.*, p.350-351.

30. Bien que la pédagogie ne constitue pas primitivement l'objet de notre relecture des manuels, elle en est l'indispensable corollaire. Aussi avons-nous résolu d'y pourvoir par cette

référence régulière à l'ouvrage monumental de Furet et Ozouf dont l'abondante citation vise surtout à pénétrer le lecteur africain de l'historicité tangible de l'École, avant qu'elle soit chargée de programmer à son tour son univers imaginaire de plus en plus actuel.

31. Ainsi, d'après certains bons auteurs spécialisés dans l'ethnologie, les peuples colonisés auraient, dans leur *inconscient collectif, longtemps désiré le Blanc* avant qu'il n'arrive. L'illustre Renan n'affirmait-il pas déjà en 1871 dans sa monumentale *Réforme intellectuelle et morale* le devoir sacré des *« races supérieures »* de régénérer les *« races inférieures des pays qui comme la Chine, appellent la conquête étrangère »* ? (éd. Lévy, Paris, 1871, page 141). Mais sans doute l'excuse de Renan réside dans la métaphore de la formule, absente du postulat de psychologie historique d'un Mannoni qui édicte un siècle plus tard : *« Les Européens étaient attendus et même désirés dans l'inconscient de leurs sujets ».* (*Psychologie de la colonisation*, Seuil, Paris, 1950, p.90).

32. Furet et Ozouf, ouvr. cit. p.81.

33. Guizot, t. III, 1860 cité par Furet et Ozouf, ouvr. cit. p.139-142.

34. *Noirs et Blancs : A travers l'Afrique nouvelle de Dakar au Cap*, A. Colin, Paris, 1931, p.16-17.

35. *Croquis de Brousse*..., p.269-270.

36. Cette revue de citations procède d'*Une Conquête morale*..., p.25 à 55. Nous soulignons.

37. *Id.*, p.270.

38. *Id.*, p.64.

39. Ouvr. cit., p.146.

40. « Rôle social de l'enseignement en A.O.F. », *Outre mer, Revue Générale de Colonisation*, Librairie Larose, Paris 1934, p.1-3.

41. *Id.*, p.12.

42. *« Il n'y a plus lieu de discuter aujourd'hui sur les avantages et les inconvénients de l'instruction primaire : au milieu des tendances et des moeurs qui se développent spontanément de toutes parts, celle-ci ne peut*

plus être refusée aux populations ; elle est véritablement devenue un besoin social » (*Les Ouvriers européens*, 1855, cité par Furet & Ozouf, ouvr. cit., p.137).

43. *Cf. Id.*, p.153.
44. 44 A. Davesne ; *Croquis de Brousse...*, p.260.
45. « *Il n'y a plus lieu de discuter aujourd'hui sur les avantages et les inconvénients de l'instruction primaire : au milieu des tendances et des moeurs qui se développent spontanément de toutes parts, celle-ci ne peut plus être refusée aux populations ; elle est véritablement devenue un besoin social* » (*Les Ouvriers européens*, 1855, cité par Furet & Ozouf, ouvr. cit., p.137).
46. *Id.*, p.268.
47. Furet et Ozouf, ouvr. cit., p.81.
48. *Id.*, p.274.
49. *Id.*, p.283.
50. *Ibid.*
51. *Id.*, p.343.
52. *Id.*, p.345.
53. *Id.*, p.346.
54. *Ibid.*
55. 55 *Id.*, p.347.
56. 56 *Ibid*
57. Il n'est pas indifférent à cet égard que le nom de Jules Ferry s'attache concurremment à la généralisation de l'École en France et à l'initiation et l'expansion de la colonisation française. Cela confirme l'hypothèse du redoublement pédagogique de l'École coloniale.
58. Ouvr. cit., p.347.
59. *Ibid.*
60. *Id.*, p.354.

61. 61 *Cf. Id.*, p.355.
62. Royaume-Uni : « Mass Education in African society » in *Colonial Office* n° 186, London 1944, p.6.
63. A.O.F. : Circulaire no.197 E du Gouvernement Général de l'AOF en date du 8 Avril 1933, J.O. du Sénégal, p.345.
64. *Histoire Mondiale de l'Éducation*, T. 3, de 1815 à 1945, P.U.F., 1981, p.90-91.
65. Nigeria : « Memorandum on Educational Policy » in *Résumés et Analyses des renseignements transmis au Secrétariat Général au cours de l'année 1953*, Nations Unies, New York, 1945, p.66.

Chapitre 3

Enseigner sans instruire : le livre d'idéologie

Si l'on entérine l'hypothèse fort plausible que pareille École ne pouvait en réalité, malgré ses adaptations successives, concourir qu'en très peu de choses à l'amélioration psychologique, morale et culturelle de l'enfant des colonies, une question décisive se pose : dans de telles conditions, à quoi a donc pu obéir l'institution scolaire ; à quoi l'école française a-t-elle bien pu servir en colonie ? La réponse s'impose, évidente et cruelle : l'institution scolaire française en Afrique n'a dû fonctionner qu'à justifier, par la pédagogie, l'exploitation économique des personnes et des ressources du continent noir. D'où la seconde question, centrale dans notre analyse : quelle a pu, dans l'entreprise, être la participation du livre de lecture française à l'école coloniale ? Comment la pratique de la lecture scolaire a-t-elle fonctionné dans la préparation, la justification et l'interprétation discrète du réel dans l'imaginaire enfantin devenu, en conséquence, l'imaginaire africain ?[1]

L'idéologique et le symbolique : c'est à ces deux systèmes de construction de la personnalité qu'on va s'efforcer de consacrer la fin de cette relecture.

Une pédagogie introuvable

Un certain nombre de résidus correspondant, selon le cas, soit à des *restes diurnes*, soit à des *lapsus*, subsistent dans le tissu des manuels malgré les révisions minutieuses qu'on a vu les rédacteurs opérer. Si la notation « *A.O.* »[2] en remplacement de « *A.O.F.* », est une commodité langagière, la comparaison incohérente de la hauteur des bateaux avec

« *la mairie* », d'une part, celle des vagues avec « *la résidence* »,³ d'autre part, signalent une inattention ; dans l'énoncé suivant : *« les indigènes en font* [de l'arachide] *de bonnes sauces pour les plats de viande et de couscous* »,⁴ l'emploi du terme *indigène* est un anachronisme. Le manuel du cours préparatoire comporte aussi de telles anomalies à propos de la désignation des Européens et des Africains ; ainsi, alors que l'usage semble désormais prohibé, comme on sait, du recours à la race ou au statut colonial des personnes ou des peuples, le texte 128. *« L'Éclairage* », conserve l'énoncé : *« Pour s'éclairer, les* Noirs⁵ *n'avaient autrefois que des torches »,⁶ et l'on peut lire, texte 111. « Le Palmier à huile » : « Je vends l'huile au marchand* blanc »,⁷ tout comme 112. *« Le Chocolat—le Cacaoyer » : « Le chocolat est fabriqué par les* Blancs *avec du cacao et du sucre »*⁸ et 113. *« Le Café—le Caféier » : « Ses fruits sont comme des tomates* indigènes ».⁹

La psychanalyse nous enseigne que la dénégation constitue l'affirmation la plus forte d'un contenu. Aussi peut-on établir définitivement qu'au-delà de ses changements de forme, le manuel scolaire demeure fondamentalement le même : son discours s'adapte aux circonstances historiques, mais les contenus restent identiques. C'est que ce contenu est essentiel. Il fonctionne à instruire, certes, mais aussi à remplir un rôle spécifique dans la société dont il contribue, ce faisant, outre à refléter, à instaurer et à modifier le système de croyances et les pôles d'intérêt. En ce sens l'école coloniale ne diffère pas notablement, comme lieu d'interprétation et d'élaboration du réel, du modèle de l'École tout court, tel que l'envisage, par exemple, Bernard Charlot.

Considérant l'École comme lieu où se transposent sous forme d'enjeu symbolique les tensions et les conflits du corps social, et ayant choisi de définir la politique, à la suite de Lénine, comme la *création d'un* « ordre » *qui légalise et affermit [...] l'oppression d'une classe par une autre [...] en modérant le conflit des classes,*[10] Charlot affirme que l'École fonctionne de façon politique. En référence aux deux concepts freudiens de refoulement et de sublimation, il décrit l'action politique de l'éducation comme l'établissement au centre de la personnalité de *« structures psychologiques de dépendance, de renoncement et d'idéalisation »*[11] qui représentent l'intériorisation, sous forme d'interdits et d'obligations, des normes sociales. Celles-ci déterminent et figent la structure mentale de l'individu, qui cesse dès lors de les percevoir comme des éléments exogènes qui l'entravent ou le mobilisent :

> Dans la mesure où ces normes sociales intériorisées par l'individu traduisent les rapports de force au sein de la société, la formation de la personnalité a un sens politique.[12]

Sans nier sa contribution, sélective mais réelle, à l'acquisition de connaissances techniques (écriture, lecture, calcul, dessin, agronomie, mécanique...), ni son rôle de médiation culturelle entre les autochtones et l'administration, mais aussi entre l'Afrique et le monde moderne—contributions qu'on peut dire nécessaires à l'efficacité de l'établissement colonial —, on doit cependant postuler que l'école française en Afrique n'a jamais eu que le statut de sa fonction. Le nombre et la périodicité des conférences organisées par les Secrétariats d'État ou les Ministères successifs de la France d'Outre-mer sur le thème invariable de *« l'Adaptation de l'Enseignement dans les Colonies »* entre l'Exposition coloniale internationale de 1931 et l'accession à l'indépendance du premier État francophone africain, attestent amplement que l'enseignement colonial a manqué de ce qui constitue l'ossature et la base de définition de tout enseignement, à savoir une pédagogie ; à la place de quoi son mode d'organisation et son orientation ont été, avant toute chose, de caractère politique.

Le cas du Cameroun est à cet égard significatif, sinon exemplaire. Ex colonie allemande confiée par la Société des Nations, comme territoire sous mandat, à la France, en même temps que le Togo, ce pays ne bénéficie, malgré son statut particulier, d'aucune disposition administrative spéciale. Victor Chazelas, qui s'en félicite au reste, décrit la situation de 1931 en ces termes :

> La France exerce le mandat sur le Cameroun et le Togo depuis huit ans [...] Le mandat s'est révélé viable et a pris place, en ce qui nous concerne, dans l'ensemble de notre action d'outre-mer, sans heurter nos traditions ni nos méthodes [...] Les « pleins pouvoirs d'administration et de législation » que nous confie l'article 9 du mandat ont suffi pour nous permettre d'appliquer de la façon la plus large les méthodes que nous avons expérimentées dans nos possessions coloniales. La Législation Fondamentale du Cameroun et du Togo est celle de l'A.O.F. et de l'A.E.F.[13]

L'extension aux territoires sous mandat de *traditions* et de *méthodes* expérimentées en colonies, même si elle participe des *« pleins pouvoirs d'administration et de législation »*, implique néanmoins que la politique de l'enseignement sera simplement la même dans un territoire partiellement alphabétisé en allemand, que dans ceux qui l'ont été en français dès l'origine. Elle implique surtout que cet enseignement—qui est identique dans un pays sahélien et dans un pays de forêt, en tradition islamique et en tradition animiste, en zone pastorale et en zone d'agriculture et de chasse—ne s'adapte à aucune des cultures et des sociétés particulières de l'A.O.F. et de l'A.E.F. Les recommandations des diverses instances prennent, avec le recul, une allure de litanie orchestrée pour faire diversion ; citons-en quelques-unes au hasard :

— Le Conseil Supérieur de l'Enseignement des 26 et 27 juin 1922 en est encore à regretter que les manuels scolaires en usage en Algérie et en France s'avèrent inutilisables dans les colonies d'Afrique Occidentale :
> Considérant que les livres scolaires de France et d'Algérie s'adaptent mal aux écoles de l'A.O.F. ; [...] que la nécessité d'écrire des livres scolaires spécialement pour l'A.O.F. se fait impérieusement sentir, ainsi que la constatation en a été maintes fois faite ; Émet le voeux à l'unanimité [...]
> Signé M. Olivier Gouverneur Général p.i.[14]

— La « Conférence donnée le 8 juillet 1952 devant les stagiaires de St Cloud par le Docteur L.P. Aujoulat, Secrétaire d'État à la France d'Outre-mer » s'intitule précisément *« L'orientation de notre politique scolaire face à l'évolution des pays d'Outre-Mer »*.[15] Le Secrétaire d'État, par ailleurs homme de terrain, y laisse entendre notamment que l'École se pense en Afrique en dehors[16] des premiers concernés par celle-ci :
> Une négligence grave qui n'est peut-être qu'un oubli : on omet de consulter les Africains et les Malgaches sur ce qu'ils veulent. Il n'est que temps de se remettre à l'écoute de l'Afrique et de Madagascar.[17]

— Le « discours d'ouverture de la Conférence des Directeurs de l'Enseignement de la France d'Outre-Mer » prononcé par M. Touffait, Directeur du Cabinet de M. le Ministre de la France d'Outre-mer a l'allure alternative d'un constat d'expert :
> Si nous savons définir et mettre en place les éléments d'une politique de l'enseignement adaptée aux structures sociales, aux rythmes

d'évolution, aux ressources et aux besoins des territoires d'outre-mer, vous aurez réalisé les conditions d'un équilibre harmonieux sans doute, mais aussi durable. Si nous n'y parvenions pas, nous laisserions se développer dans ces territoires des ferments de mécontentement, de désagrégation et également de désordre.[18]

Il se confirme que pendant un demi-siècle de colonisation en Afrique noire, la France métropolitaine a été à la recherche d'une politique scolaire ayant toutes les apparences d'un serpent de mer. Denise Bouche, qui se penche sur le premier siècle de ce système, aboutit à des conclusions analogues qu'elle énonce de façon péremptoire :

L'enseignement français, en Afrique Occidentale, ne remplit pas la mission civilisatrice que des textes de propagande prétendirent imprudemment lui avoir été assignée. L'école a toujours été à l'image de la société qui l'institue et l'organise. Quand il y a un décalage, l'école bien loin de préparer la société future, retarde sur celle qui est en formation. En Afrique, l'enseignement français fut une adaptation continue à la situation coloniale.[19]

On ne saurait constater en termes plus clairs qu'il s'est agi d'un pilotage à vue, sinon de la gestion quotidienne d'un secteur pourtant réputé angulaire de la politique coloniale de la France. L'impasse sur laquelle débouche la pratique scolaire qui faisait partie, à l'origine, du domaine réservé du Gouverneur ou du Commissaire de la République, la faillite générale de l'école coloniale qui rejaillit sur l'école nationale des nouveaux États d'Afrique francophone s'explique largement par l'absence d'une connaissance foncière de l'enfant africain et la carence d'un schéma général positif de l'Afrique et de chaque territoire. On a entendu le Docteur Aujoulat reprocher aux technocrates et aux politiciens de la Métropole de ne pas consulter les peuples en question sur ce qu'ils veulent. On sait aussi que longtemps la politique générale de la France colonisatrice a flotté entre l'assujettissement et l'assimilation, et ne s'est prononcée que fort tardivement—du reste sans netteté—pour l'association. Cependant il incombait à l'École la tâche de former les enfants : celle-ci a fait ce qu'elle a jugé de l'intérêt de l'État qui finançait son fonctionnement. Cela, sans concertation véritable et sans connaissance de cause. Un Inspecteur de l'Enseignement primaire à Nkongsamba, M. Vaast, se fait l'écho dans une fantomatique revue intitulée *L'Enseignement au Cameroun*, de l'angoisse de l'enseignant métropolitain affecté en colonie.

> Le problème essentiel de notre enseignement en Afrique réside toujours dans l'angoissante alternative : adaptation ou assimilation. Ce n'est pas un problème seulement pédagogique, c'est le problème même de la colonisation.[20]

A titre personnel, il dénoue ce dilemme shakespearien, ou plutôt tranche le noeud gordien par le recours au bon sens, avant de se féliciter ironiquement des résultats auxquels a pu néanmoins aboutir une pratique scolaire aussi déphasée :

> [...] en tout état de cause, plaide M. Vaast, nous ne pouvons pas non plus éduquer un petit Africain sortant de sa brousse natale comme un jeune Français de Picardie ou de Provence. Aucune argumentation ne peut détruire cette conclusion logique qui nous mène droit à l'adaptation de notre enseignement et non à l'assimilation pure et simple [...]
> C'est un émerveillement d'avoir pu avec des moyens aussi rudimentaires, une pédagogie aussi routinière [...] obtenir ce que nous avons obtenu.

> Mais cela serait mieux encore si munis des enseignements de la pédagogie moderne nous pouvions adapter notre enseignement métropolitain [...] par des manuels adéquats, des méthodes améliorées, basés sur une connaissance plus approfondie de la psychologie africaine.[21]

De Dakar arrive un égal son de cloche. Le Bulletin officiel de l'Enseignement en A.O.F. publie une *« Contribution à la bibliographie des ouvrages et articles traitant de l'enseignement en A.O.F.* » qui signale deux livres dans sa rubrique de présentation :

II. Ouvrages de pédagogie africaine :
- Quilici (J.) : Leçons de pédagogie à l'usage des instituteurs de l'A.O.F., Ed. du Bull. de l'Enseignement, 1917, « Pédagogie pratique »
- Sonolet et Pérès : Le Livre du Maître africain, Paris, 1 vol. Armand Colin, 1916[22]

Dans la rubrique de critique de cette bibliographie, intitulée « Remarques sur la bibliographie », ce commentaire sous forme de constat autorisé :
> Il n'existe aucun ouvrage se rapportant à l'étude de l'enfant africain ou à la pédagogie africaine. Les deux volumes cités sont des manuels de travail pratique, d'ailleurs périmés et introuvables.[23]

Ces livres de pédagogie périmés et introuvables, symbolisent, par leur prédication, une pédagogie elle-même doublement périmée—la tradition—et introuvable—la modernité—, qui commence seulement à effleurer, par exemple, dans la conscience aiguë et rafraîchissante du questionneur *processif* que représente, alors, André Terrisse à l'intérieur de ce désert de l'intuition et du concept pédagogiques. Dans un bref article au titre programme, « Problèmes psychologiques de l'école primaire en A.O.F. »[24] Terrisse livre ses réflexions sur une problématique de la pédagogie qui serait fondée moins sur les résultats scolaires—jugés inaptes à rendre compte de la personnalité véritable de l'enfant, par suite du déphasage entre l'École et le milieu vivant dont celui-ci est syntone —, que sur des informations éparses, glanées dans des documents de caractère ethnographique : enquêtes, folklore, écrits ou récits d'Africains, récits de voyage ... *etc.* A son tour, il signale une angoisse qui passe outrageusement inaperçue, à cause de la violence manifeste de l'imposition scolaire, mais qui ne se signale pas moins au psychologue attentif à la part d'affect, de désir, de phobie et de rêve humains contenue dans l'imaginaire et le coeur de chaque enfant. L'évidence inouïe de son intelligence du monde de l'enfance africaine voudrait qu'on cite intégralement cette réflexion sur laquelle on aura à revenir :

> Jusqu'à ce jour, s'alarme Terrisse en 1950, on a trop demandé à la coercition, sous des formes diverses. Obligation pour certains parents d'envoyer les enfants à l'école, contrainte exercée par les Chefs[25] sur les fils d'esclaves. Ensuite les parents eux-mêmes, comprenant la valeur du savoir ont contraint leurs propres enfants à la fréquentation scolaire. Mais l'enfant ? Qui a tenu compte de lui ? Le problème de l'assiduité sera aussi résolu par l'amitié de l'enfant pour son école.
> Ce jeune enfant angoissé que l'on amène parfois contre son gré[26], il faut qu'au seuil de l'école il se sente accueilli, aidé, soutenu, aimé. Le jour de la

> rentrée devrait être un jour de fête [...] On sait l'importance des initiations et des cérémonies dans la vie des sociétés africaines. Que peuvent penser les enfants africains, de notre école, cette société secrète dont l'austère noviciat se passe en alignements, en menaces, qui font encore, il est vrai, figure de distractions, comparées à la pauvre psalmodie du ba, be, bi, bo, bu.
> C'est d'abord du bon vouloir de l'enfance que dépend l'éducation. Si l'école n'apportait que le savoir, elle ne serait qu'une machine au mécanisme brutal. Mais elle prétend préparer l'enfant à la vie future et partiellement inconnue de nous. Les contingences affectives l'emportent souvent sur les préoccupations purement intellectuelles. Ne l'a-t-on pas trop oublié et n'est-ce pas finalement de notre comportement vis-à-vis de l'enfance actuelle, c'est-à-dire de l'atmosphère de nos écoles, que dépendra l'harmonie future de la société africaine ?[27]

De négligence en omission, de violence en oubli, l'Afrique, l'Africain, l'enfant noir et leur avenir sont loin d'être la préoccupation de la politique scolaire, qui apparaît crûment comme l'ombre portée de la politique coloniale de la France. Ce défaut de préoccupation pédagogique de l'État colonial explique la désagrégation sociale rapide de *Cette Afrique-là*[28] que décrit Ikellé-Matiba, comme elle explique le succès de l'école confessionnelle auprès des parents qui se retournaient vers l'Eglise,[29] comme vers le refuge ultime contre la désintégration morale.

Mais la carence pédagogique de l'imposition scolaire française en colonie explique surtout que, faute d'une véritable substance éthique à offrir à la soif d'idéal de la jeunesse africaine, et ne pouvant pas indéfiniment créer des postes d'emploi dans l'administration pour satisfaire ses appétits matériels, l'école coloniale, à force de courir après une hypothétique adaptation à son milieu d'adsorption, se soit finalement révélée comme le miroir aux alouettes, simple support d'un rapport politique non fondé culturellement.

Une École hostile à la science

Quelques idées simples reviennent comme un *leitmotiv* sous la plume de nombre de coloniaux et semblent de la sorte construire un consensus sur la nature, les modalités et la fonction de l'École en colonie : l'École, dit-on, n'est pas une fin en soi : elle constitue un moyen, *« une des pierres angulaires de notre politique coloniale »*, lit-on dans la Circulaire du Commissaire de la République française au Cameroun, Carde, datée du 5 août 1921 et relative aux programmes scolaires[30]. *« En pays colonial, le problème de l'enseignement n'est pas un problème pur »*,[31] affirme l'Inspecteur Général de l'Enseignement en A.O.F., Albert Charton : L'École qu'il veut *« totale »*, est nécessairement solidaire de toute l'action coloniale. On sait qu'elle doit éviter de s'embarrasser d'une théorie inassimilable par le Noir fruste de la brousse africaine, et s'attacher uniquement à faire utile : *« Le maître [...] s'interdit rigoureusement l'emploi de formules trop éloignées de la réalité [...;] il s'abstient d'énoncer des lois trop générales, des « axiomes générateurs », qui feraient perdre pied aux élèves »*,[32] ordonne Hardy qui énonce placidement encore : *« C'est à peine un paradoxe de prétendre que le vrai savoir s'acclimate plus aisément dans nos écoles indigènes à mesure que la science paraît s'en éloigner »*.[33] Cette *« instruction [...] voulue pour son utilisation »*[34] à quoi sert-elle *« en pays indigène »* ? Son rôle est essentiellement social, et c'est en ce sens qu'il est primordial dans une société où les adultes restent prisonniers de croyances, de préjugés, de moeurs et d'habitudes sclérosés, voire dangereux qu'il s'agit d'enrayer ou de corriger à travers leurs enfants. D'où le psaume des volontés du pionnier de l'instruction coloniale en 1917 :

> Nous voulons par l'école de village, amener les enfants à comprendre la nécessité du progrès et les détacher des routines dangereuses [...]
> Nous voulons, enfin, que l'école de village soit un instrument de moralisation et de loyalisme. Tout son enseignement est pénétré d'éducation morale, et le nom de la France est invoqué, toutes les fois qu'il s'agit d'un progrès réalisé ou d'un progrès possible.[35]

Dix-sept ans plus tard, un des ses épigones redit autrement les mêmes objectifs :

> L'école enseigne la vie indigène améliorée, dont elle veut être une anticipation : parfois, elle modifie heureusement les modes d'alimentation ; elle vise à donner des habitudes durables ; elle met sa force au service de la charrue, du pressoir à huile, de la case modèle, de la lutte pour l'hygiène [..;] elle s'adapte aux régions [..,] elle collabore franchement, gaîment, à l'oeuvre générale [...] Aussi l'école se trouve associée à la politique de mise en valeur de la terre africaine, de restauration paysanne, de développement harmonieux de la société indigène actuellement mise en oeuvre en A.O.F.[36]

Cette École indifférente à la science enseigne *la morale de la France*, apportant naturellement sa contribution à *la politique de mise en valeur* qu'elle réinterprète aux écoliers éperdus, comme une politique de « *développement harmonieux de la société indigène* » dont on sait qu'elle oeuvre à la déstructuration ! Mais on se rappelle aussi que l'un des principes du fonctionnement de l'idéologie c'est « *la méconnaissance de l'idéologie par l'idéologie* ». Davesne, homme de terrain, semble moins myope que son prédécesseur, puisqu'il signale clairement les apories auxquelles l'enseignement de la colonisation et de la civilisation a dû faire face, et la façon dont il crut les résoudre :

> Comment, se demande-t-il, concilier ces exigences si malaisément conciliables : franciser les peuples colonisés sans porter atteinte à ce qui est propre à chacune d'elles [sic] ; fortifier chez les indigènes le respect de leur passé et en même temps les orienter vers l'avenir ; faire naître une communauté de sentiments au-dessus de la diversité des moeurs et des coutumes ; unifier sans rendre uniforme [...]
>
> Il a longtemps hésité et actuellement encore, admet l'auteur, il n'est pas parvenu à prendre nettement position ; il tâtonne, avance, revient sur ses pas, et sa prudence est parfois confondue avec l'incohérence. Du moins a-t-il acquis une certitude : c'est qu'il ne peut ni ne doit, en aucun cas, s'identifier à l'enseignement métropolitain.[37]

Sous prétexte *d'adaptation*, l'École exclut donc la science de son enseignement et choisit « *un enseignement utilitaire : apprendre à l'indigène à mieux construire sa case, à mieux cultiver son champ, à lutter plus efficacement contre la maladie, bref à vivre plus humainement, cela peut être entrepris sans causer de préjudice aux traditions essentielles, et c'est en même temps un moyen de favoriser l'attachement à la France par la gratitude que ne peut manquer d'inspirer aux populations coloniales son souci d'améliorer son sort.* »[38] L'efficacité est ainsi la première *utilité* de l'enseignement utilitaire : elle consiste à préparer et à rendre possible l'apprivoisement de l'indigène que la France oblige de la sorte ; elle consiste surtout à améliorer la rentabilité de ce dernier comme agent économique, grâce à ce que Charton appelle la « *restauration paysanne* ». Mais elle consiste en dernière instance à arrimer l'indigène à une posture fatale dans la division internationale du travail, en légitimant ceci par la spécialisation, le confort et un gain marginal mais constant. C'est sans compter avec le solide bon sens caractéristique du peuple, la ruse proverbiale du paysan, lesquels se rebiffent en conséquence contre ce qu'ils considèrent déjà comme un projet d'avilissement collectif par le miroitement de profits dérisoires et coûteux :

> Mais c'était, observe Davesne dans sa rétrospective, méconnaître ces populations que de croire qu'elles se contenteraient des avantages matériels qui leur étaient ainsi offerts. Ce qu'elles désirent avant tout c'est moins de tirer profit de nos conseils, que de participer dans toute la mesure du possible, à la civilisation que nous avons importée, c'est d'être appelées à partager nos pensées, c'est d'entrer en relations intellectuelles avec nous et avec le monde.
> Aussi, l'enseignement strictement utilitaire n'a-t-il eu que peu de succès ; il se heurta même à une indiscutable hostilité partout où il fut donné dans la langue du pays.[39]

Il est significatif que la hargne des populations confonde dans le même mouvement le rejet de la politique d'adaptation, et le refus de l'enseignement en langue indigène. La bataille qui s'est développée autour du thème de l'assimilation et qui a vu s'engager des intellectuels africains sérieux, dont le futur Président Senghor—à cette époque plutôt d'avant-garde—a fonctionné sur la base d'un double malentendu qu'on peut résumer ainsi : les Français, devant la dégradation rapide de la société traditionnelle, croyaient préserver l'essentiel en adaptant leur enseignement aux usages et aux conventions locaux. Les Africains, qui avaient déjà intériorisé les schémas occidentaux concernant leur univers et leurs coutumes, savaient le mépris et l'horreur dans lesquels ils étaient tenus dans l'esprit des Français. Or, parce qu'ils étaient victimes de cette perception aliénée et erronée d'eux-mêmes et de leur culture, qu'on avait inculqué dans les sédiments de leur conscience la perspective alternative du noir négatif, improductif, laid et du blanc positif, performant, admirable, et que la promotion, en situation coloniale, allait au porteur du label *« évolué »* plutôt qu'au traditionaliste, ils ratèrent cette occasion insigne de se sauver du naufrage culturel, en jugeant de la qualité du produit sur son conditionnement. Jean Richard-Molard a beau jeu de s'indigner du réflexe de *l'Africain évolué* à sous-estimer les éléments de son patrimoine, lorsqu'à la Conférence de Brazzaville, la préférence des élites va à la politique d'assimilation plutôt qu'au pacte de l'indigénat :

> On peut, écrit-il, [...] discuter les principes mêmes de cet enseignement qui se ressentent constamment des hésitations métropolitaines pour ou contre l'assimilation. Dans la mesure où un enseignement colonial destiné à former des sujets dans le cadre de l'indigénat paraissait intolérable plus longtemps, Brazzaville pencha délibérément pour l'assimilation, et cela notamment sous la pression d'Africains évolués eux-mêmes que l'on s'étonne parfois de trouver si facilement enclins à mépriser et renier leur patrimoine.[40]

Très acrobatique, la position de L.S. Senghor, à l'instar de Houphouët Boigny, Paul Hazoumé ou Alioune Diop, n'en est que plus déroutante malgré l'apparente sérénité du Secrétaire d'État, L.P. Aujoulat, qui s'y réfère :

> Que dit « Senghor ? » [sic] S'il faut en la matière se méfier des impérialistes de l'esprit qui prônent l'assimilation, encore plus dangereux m'apparaissent les promoteurs d'un enseignement qui serait donné en langue indigène. Ceux-ci ne sont que les porte-parole

des puissances d'argent, quand ils ne sont pas de doux ethnologues qui veulent faire des pays d'Outre-Mer des musées à fournir des sujets de thèse pour futurs docteurs en Sorbonne.[41]

Quoi qu'il en soit, que la politique de l'assimilation se soit imposée comme solution tactique à la conscience de la majorité des *évolués africains* d'après-guerre signale le degré de misère intellectuelle auquel avait dû aboutir l'enseignement utilitaire mis en place par la politique d'adaptation scolaire. L'ironie pathétique dans l'affaire c'est que, face à l'urgence de choisir entre la peste et le choléra, le moindre mal n'en a pas moins été un mal plein de conséquence, qui satisfit sans doute l'intérêt de quelques Africains finauds ou félons, mais qui allait surtout grever l'avenir d'un continent sur lequel il retentit encore. Aujoulat est optimiste, en effet, de penser que :

> L'assimilation culturelle, chaque fois qu'on a voulu l'imposer, ne s'est faite qu'en surface : si elle semble avoir pris racine, ici et là, c'est qu'elle constituait un tremplin commode d'élévation sociale. Ou bien s'agissait-il [sic] de Noirs à qui on avait inculqué avec succès un mépris regrettable de leur fonds religieux, de leurs remèdes empiriques, de leurs proverbes ou de leurs arts.[42]

Il fonde sa conviction sur la croyance illusoire de cet Africain évolué, passionnément attaché à sa culture locale et qui pourtant réclame pour son pays non seulement l'enseignement généralisé en français, mais encore l'application des programmes métropolitains. Ne vous inquiétez pas outre mesure, répond-il quand on l'interroge sur l'abandon de son patrimoine ancestral : nous avons d'abord à nous faire notre place et seuls vos diplômes peuvent nous y aider ; ensuite nous aurons le loisir de remettre en honneur ce qui nous appartient en propre.[43]

L'histoire, on le sait, a fait mentir cet obscur tacticien, coupable de s'être trompé de diagnostic et de remède face au mal endémique de l'inadaptation de l'École, comparable, à plus d'un titre, à la *peste coloniale*. Dans sa peste allégorique, La Fontaine décrit en termes pittoresques la généralisation des ravages de l'épidémie :
La peste (puisqu'il faut l'appeler par son nom),
Capable d'enrichir en un jour l'Achéron,
Faisait aux animaux la guerre.
Ils n'en mouraient pas tous, mais tous étaient frappés.[44]

Qu'elle se règle sur la doctrine de l'adaptation chimérique ou sur celle de l'assimilation, l'école française en colonie est déterminée par la situation coloniale dont elle projette la détermination sur l'esprit de l'enfant scolaire qu'elle influence et conditionne pour qu'il occupe une place établie dans la division sociale du travail, du prestige et du droit. Si les indigènes ne sont pas tous morts—et pour cause—tous ont été, à un titre ou à un autre, frappés par l'inculcation idéologique de l'École dont la deuxième utilité—et non la moindre—consistait, en dépit de son dysfonctionnement socioculturel, sinon à la faveur de celui-ci, à justifier, parmi d'autres instances, la présence de la colonisation en Afrique Noire ; Albert Charton développe cette conception en termes on ne peut plus clairs :
Dans un pays comme l'Afrique noire [sic] nous ne pouvons nous en tenir aux données proprement et purement intellectuelles du problème. C'est une

> éducation complète, une « école totale » qu'il faut promouvoir et organiser, aussi bien dans le domaine social et moral que dans le domaine économique. Valorisation de l'homme, évolution sociale de l'indigène, transformation économique du pays, constitution de nouveaux cadres sociaux et économiques, voilà des problèmes qui, par quelque côté, sont affaire d'éducation. Ainsi conçue, l'éducation dépasse et déborde le cadre de l'école. Elle se prolonge par l'action de tous ceux qui sont en contact avec les indigènes. Réciproquement, l'école est solidaire de tout l'effort colonial qu'elle prépare, rend possible et justifie.[45]

Ainsi, au fil de ses errements politiques qui se répercutent sous forme de lacunes et d'incohérences dans la formation des élèves, l'école française en Afrique noire va accélérer, par la multiplication des facteurs catalytiques, le processus de désintégration institutionnelle et morale des colonies en masquant son vide conceptuel et sa carence pédagogique derrière un discours scolaire dont la fonction dernière est l'idéologie. Il n'est pas indifférent à cet égard que *« l'apprivoisement de l'indigène par l'école* [soit], suivant Charton, *une idée familière aux premiers et grands pionniers de l'Afrique française : Faidherbe, Gallieni, Lyautey... »*[46] : l'École, c'est la poursuite de la pacification militaire par des moyens civils. Aussi, dans le cadre du livre de lecture, le chapitre 33 sur « Les Livres, l'Instruction, l'École » peut-il sans coup férir, se voir substitué au chapitre 33 initial sur « L'Armée : la Guerre et la Paix ». A l'ère des Généraux d'armée succède, sous l'administration civile des Gouverneurs généraux et des Commissaires de la République, l'ère des Inspecteurs généraux de l'Enseignement qu'inaugure brillamment Georges Hardy *« dans son livre toujours vivant et actuel : Une Conquête morale : l'Enseignement en A.O.F. »,*[47] et que va couronner, en remarquable émule, André Davesne, dans ses *Croquis de Brousse* ; après la prise de possession armée, la séduction des esprits et des coeurs inspirée, sous ceux qu'on a appelés les *empereurs sans sceptre,*[48] par le génie de la stratégie du détour théorique. Les gains et l'impact réels de l'entreprise sont relevés, sur le terrain, par le meilleur topographe[49] de l'école coloniale en Afrique noire, sous forme de bilan et de réévaluation.

De la catharsis à l'exorcisme par l'instruction : le détour théorique par l'éthique

En effet, Hardy assigne à l'enseignement une fin quasi cathartique. Il s'agit de purger le Noir des germes rebelles de barbarie que recèle en puissance ou en réalité sa culture, par la représentation, à l'École, sous forme de modèles variés de médiation sociale, des bienfaits de la civilisation et du progrès apportés par la France en Afrique. Fasciné par les multiples démonstrations d'efficacité dont il trouve la confirmation dans la réalité des villes nouvelles, l'enfant scolaire devrait, par sa propre domestication, constituer un relais de diffusion, de propagande qui entraîne, à la longue, l'adhésion de l'ensemble de sa région à cette nouvelle dynamique culturelle. Ainsi, la colonisation pourrait tranquillement se déployer sous le masque de la civilisation et l'exploitation économique prendre les allures d'un processus éthique acclimaté au désir de la majorité d'un peuple africain, désormais gagné à l'idée de *« la collaboration qu'il devrait normalement apporter à la tâche immense et pénible de sa propre élévation sociale et culturelle »,*[50] suivant la formule sophistique de Roger Leclerc, probablement un jésuite. L'information hygiénique, architecturale, agricole, pastorale, comme la formation sportive et morale vise dès lors non pas, par l'acquisition d'un savoir éthéré, à *« restituer l'oxygène à l'atmosphère des peuples »,*[51] selon le voeu déraisonnable d'un

Etienne Lamy, mais plus prosaïquement, par l'amélioration de la productivité économique, à assurer un meilleur contrôle social de l'Afrique rétrograde :

> Or, précisait Georges Hardy, nous n'enseignons pas pour enseigner. Nous enseignons pour qu'un jour, dans des maisons saines, entourées de champs fertiles, habitent des corps solides et des têtes sages.[52]

Cet énoncé sobre comme une litote, qui aurait pu figurer en exergue de notre relecture, a dû servir à des générations d'instituteurs en Afrique noire comme le *compendium* de leur ministère, le *vade-mecum* de leur magistère auprès des négrillons que la nécessité destinait à l'instruction *blanche*. Il s'agit néanmoins d'un abrégé partiel, somme toute optimiste, de l'intentionnalité foncière du programme colonial qui visait, par un véritable exorcisme scolaire, la dépossession et l'aliénation morale intégrale du Noir, son assujettissement à la division internationale du travail, sous l'empire du besoin de consommer des artefacts économiques dérisoires et de son insatisfaction provisionnelle. William Ponty, qui a donné son nom à la fameuse École Normale, résume ce procès en termes précis :

> L'instruction élève l'homme, elle transforme ses goûts, elle augmente ses appétits, c'est-à-dire sa puissance de consommation et, par suite, l'oblige au travail.[53]

L'École compense de la sorte son absence de pédagogie et de science, seules susceptibles d'assurer l'auto-développement ainsi que la libération humaine de l'écolier, en se constituant comme une fantastique locomotive gigogne dont chaque train en cache un autre, encore plus pernicieux : le train de l'exploitation est masqué par le train de la civilisation, qui cache lui-même celui de la division internationale du travail, lequel détermine et voile l'extraversion économique. L'inadaptation culturelle, loin d'être ainsi un frein, accroît au contraire en proportion l'efficacité de l'École comme technique de déréalisation et de désadaptation sociale de l'enfant scolaire programmé, en conséquence, pour devenir un facteur stratégique dans l'organisation coloniale de la production des matières premières et de la consommation, extravagante, de biens plus onéreux, importés principalement de France. Un déchiffrement en profondeur des manuels successifs va nous permettre de restituer le filigrane de cette sédimentation occulte et persistante des discours en texte unique d'édification par la *lecture profitable* que recherche l'École.

La morale et la raison dans l'imaginaire et dans l'histoire

On remarque que le chapitre de l'édition finale de *Mamadou et Bineta* du cours moyen consacré à l'École est absent de la première édition. « Les Livres, l'École, l'Instruction » est la condensation discursive des deux chapitres 32 et 33 relatifs à la colonisation et à la pacification du continent. On ne peut se figurer en quoi a consisté dans l'histoire de l'humanité la paix coloniale sans se remémorer la formule que Tacite prête à Galgacus, héros calédonien méditant sur le fallacieux prétexte de civilisation dont les Romains enrobaient les ravages de leur conquête :

Ubi solitudinem faciunt, s'exclamait-il, pacem appellant ![54]

Léon Baréty, alors député des Alpes Maritimes, va nous aider à nous représenter grossièrement ce que fut cette chose immonde et innommable avant le Traité de Versailles, et ce qu'elle ne devait plus théoriquement, mais qu'elle n'a cessé que bien tardivement d'être malgré l'abrogation du Pacte colonial. Celui-ci a consisté pendant des siècles à conquérir, assujettir des territoires au nom et dans l'intérêt de la mère patrie. La route des *« pays d'or et d'épices »* et leur contrôle étaient recherchés *« pour l'exclusif profit de la Métropole. »*⁵⁵ En 1756, une prime était payée en Nouvelle-Angleterre par tête d'Indien tué. En 1771, la ville de Liverpool chargea cent cinq navires négriers du transport de vingt huit mille esclaves nègres aux Îles. En Amérique du Sud, les colons massacraient sans vergogne. Il s'agissait en somme d'exterminer l'aborigène gênant afin d'exploiter paisiblement les ressources de son territoire en faisant travailler, à la place de l'Indien éliminé et exproprié de ce fait, le Nègre rendu docile par l'esclavage. Ces méthodes sommaires et barbares d'un autre âge persistent encore, malgré l'abolition de principe, à l'aube du XXe siècle dans la pratique coloniale :

> Il y a peu d'années encore, en 1897, s'émeut Baréty, un officier de l'armée allemande ne s'en déclarait-il pas partisan quand il écrivait dans la Neue Deutsche Rundschau :
>
> > « Des populations aussi improductives que les races noires n'ont aucun droit à l'existence ! »
>
> A de telles conceptions qui ont trouvé des fonctionnaires et des colons allemands pour les mettre en oeuvre, la conscience universelle a répondu en enlevant à l'Allemagne son Empire d'Outre-Mer.⁵⁶

L'article 22 du Traité de Versailles, en établissant la conception du mandat, vise à exercer *« un droit de contrôle sur les méthodes employées, un droit de vérification sur les résultats moraux et politiques obtenus par les peuples colonisateurs »*. En cela il est conforme à *l'instinct de générosité* de la France éternelle dont les philosophes avaient, dès le XVIIIe siècle, élaboré *« le mythe du bon sauvage »* et dont les Conventionnels avaient dénoncé le pacte colonial et décrété l'égalité politique de tous les hommes. Cependant, l'application pratique de l'idéal de la Révolution française conduit à la faillite, par son défaut de naïveté. La doctrine de l'assimilation que préconisent les Conventionnels ne prend pas en compte *« l'hérédité, la religion, les mœurs et la morale »* des sujets ultramarins de la France, dont ils s'imaginent innocemment pouvoir changer les destins divers, en les soumettant uniment au *« système administratif, politique, scolaire et judiciaire de la métropole »* :

> Une idéologie humanitaire leur faisait briser l'armature sociale des races protégées sans pour cela les rapprocher de nous.[57]

A cause de la vigilance de la Société des Nations, dorénavant on ne peut plus décemment penser ou agir suivant les principes barbares du Pacte colonial. La France découvre en outre que la doctrine de l'assimilation est onéreuse. Aussi devrait-elle, à partir de 1924 au moins, opter franchement pour une autre méthode qui, pour Baréty s'impose de toute évidence :

> La morale condamne donc l'assujettissement et la raison l'assimilation, écrit-il.
> C'est la méthode d'association que notre conscience, notre prudence recommandent. Il se trouve d'ailleurs, heureusement, que cette dernière correspond à nos moyens financiers assez pauvres, à nos possibilités démographiques assez minimes, aux conditions économiques où nous nous trouvons.[58]

Léon Baréty suggère donc, à cette date, que la France fasse la politique coloniale de ses moyens. A son avis, elle n'a à en escompter que bénéfice politique, économique et social ; politiquement, elle établit un système de protectorat stratégiquement rentable :

> L'association (...) laisse aux indigènes les grandes avenues du pouvoir, mais place aux carrefours stratégiques les fonctionnaires européens auxquels elle donne droit d'initiative et droit de veto.[59]

Économiquement, elle assure la dépendance par le besoin et le contrôle :
> Elle établit entre l'indigène et l'Européen l'indispensable collaboration : celui-ci assume la conception, la direction et la découverte scientifique, celui-là l'exécution.[60]

Socialement, elle instaure la paix des esprits et des coeurs :
> Elle protège les traditions, les usages et les croyances des peuples qui sont si différents du nôtre.[61]

Ainsi, par l'adoption de la méthode d'association, la métropole eût évité d'apparaître comme barbare, seule condition pour prétendre à combattre la barbarie des indigènes qu'elle n'aurait eu que ce titre à exploiter. N'étant plus la *« quête exclusive d'un marché privilégié »*,[62] selon l'expression d'Albert Sarrault, Ministre des Colonies, et moyennant une bonne connaissance ethnologique et le respect de leurs croyances, ce système français de *l'indirect rule* eût associé plus subtilement les peuples à la gestion consentie de leur territoire. Contre la Barbarie et les superstitions de ces sociétés primitives qu'on voulait éclairer, l'arme pacifique eût consisté dans l'imposition du *détour théorique par l'éthique* : au nom de la morale et de l'humanité, on eût aboli les rites et les sacrifices cruels, dans le respect des croyances et la liberté de conscience. On eût de la sorte contribué, par la triple action administrative, médicale et scolaire, à *« une oeuvre de régénération »* de peuplades corrompues par nombre d'épidémies, de tares héréditaires et de traditions séculaires tyranniques. On eût instauré la politique de mise en valeur des ressources économiques grâce à la séduction de l'indigène par des investissements évidents d'infrastructures :

Construire des ports, des routes et des voies ferrées, ouvrir des marchés où les habitants viendront s'approvisionner et vendre leurs produits en toute sécurité, faire bénéficier les indigènes des progrès économiques, augmenter leur bien-être matériel, accroître leurs richesses, c'est assurer la paix en attachant ces indigènes au régime dont ils profitent les premiers.[63]

Notes

1. Bernard Charlot décrit l'ambivalence dialectique de la constitution de l'imaginaire d'enfance en ces termes : « l'image de l'enfant est donc l'image, élaborée par un adulte et une société qui se projettent dans l'enfant, d'un enfant qui cherche à s'identifier au modèle créé par cette projection. On comprend bien dès lors que cette image évolue historiquement. » (La Mystification pédagogique. Réalités sociales et processus idéologiques dans la théorie de l'éducation, Payot, « Traces », Paris, 1977, p. 94). Il va sans dire que l'ambivalence est multipliée en autant d'images qu'il y a de foyers spéculaires !

2. Note (1) du texte 73. *« Le Margouillat »*, p.150, *Mamadou et Bineta*, C.E., éd. 1951.

3. « La Rivière—le Fleuve—la Mer », Id., p.197.

4. 84 « L'Arachide », Id., p.183.

5. Le lapsus est d'autant plus sensible ici que dans la version plus élaborée du même texte au cours élémentaire, la correction s'effectue en termes de généralité : *« Autrefois, les hommes n'avaient pour s'éclairer, que la flamme du foyer. » (96. « L'Éclairage », Id., p.207)*.

6. *Les premières lectures de Mamadou et Bineta*, C.P., éd. 1951, p.160.

7. 7 *Id.*, p.144.

8. *Id.*, p.145.

9. *Ibid.* L'insignifiance du produit que l'adjectif *indigène* caractérise, explique sans doute le lapsus dont la pertinence relève précisément de la marginalité mesquine du détail.

10. Ouvr. cit., p.11

11. *Ibid.*

12. *Id.*, p.12.

13. « Territoires africains sous mandat : Cameroun et Togo », in *Exposition Coloniale Internationale de Paris*, Commissariat général, Société d'Éditions géographiques, maritimes et coloniales, Paris, 1931, p.12-13.

14. *Bulletin de l'Enseignement de l'A.O.F.*, no.47, avr-sept 1923, p.89.

15. *Enseignement Outre-Mer*, no.4, déc. 1952, p.9-17. Il s'agit d'une publication spécialisée du MINFOM qui, en concurrence avec *Éducation Africaine* éditée par le Service pédagogique du Rectorat de Dakar, et d'autres, vise la coordination en Métropole d'une politique scolaire cohérente en Afrique Noire à partir de 1949.

16. Souligné dans le texte. *Id.*, p.9.

17. Il s'agit de la sixième Conférence de ce genre, et ce n'est pas la dernière. L'important réside dans l'emploi récurrent du terme *politique* dans l'un et l'autre discours qui ne s'adressent pas au même type d'auditoire : « politique scolaire », dit le Secrétaire d'État, « politique de l'enseignement », affirme le Directeur de Cabinet.

18. *Enseignement Outre-Mer*, no.7, décembre 1955, p.8.

19. *L'Enseignement dans les Territoires Français de l'Afrique Occidentale de 1817 à 1920. Mission civilisatrice ou formation d'une élite ?*, Honoré Champion, Paris, 1975, p.895.

20. « Nécessité d'une pédagogie africaine », in *L'Enseignement au Cameroun*, no.1, 1952, p.9.

21. *Id.*, p.11-12.

22. *Éducation Africaine*, no.2, 1949, p.7.

23. *Ibid.*

24. 24 *Ibid.*, no.3, 1950, p.36-38.

25. Le Commissaire de la République Marchand écrit en 1923 dans une circulaire aux Chefs de circonscriptions et à leurs subordonnés du Cameroun : *« Les écoles élémentaires [...] dans tout le Territoire [...] sont largement ouvertes. Encore convient-il que tous les éléments de la société y soient représentés. Je n'admets pas par exemple, que le chef de région, le chef de village n'y envoient pas leurs enfants.* » (Imprimerie du Gouvernement, Yaoundé, p.27-28).

26. On croit lire une page de *Mission terminée* de Mongo Béti, Corréa—Buchet—Chastel, 1957.

27. Art. cit., p.37-38.

28. Présence Africaine, 1963.

29. A la conviction de Roger Leclerc augurant en 1949 qu' »il n'est pas possible de relever l'Afrique païenne, l'Afrique aux fétiches, aux sorciers et aux poisons sans le concours total du christianisme » (« Problèmes scolaires en A.E.F. », Bulletins des Missions, T. XXIII, no.3, 3e tr. 1949, p.167), répond l'écho du souvenir et des prédictions de Macaire et de Flavien vingt ans plus tard : « Il faut que nos écoles allient harmonieusement éducation religieuse et instruction profane pour garder la confiance et l'estime des familles [...] qui continueront à [y] envoyer leurs enfants en rangs serrés. » Ils expliquent cette confiance de la manière suivante : « Seul le christianisme, par son enseignement basé sur l'Évangile, apportera à l'enfant africain les raisons et la force dont il a besoin pour devenir complètement homme. Toute son éducation première est assise sur une base religieuse : la croyance en Dieu et en ses intermédiaires, les ancêtres [...]. L'éducation laïque et neutre le délivrera peut-être de ses superstitions, mais elle ne lui offrira rien pour les remplacer, et sa situation morale sera pire qu'avant [...] En fait, il apporte un antidote puissant—et combien nécessaire !—aux menaces que la technique, le matérialisme et les idéologies importées de l'étranger, particulièrement de Russie et de Chine, font peser sur l'âme

africaine. » (L'Éducateur dans les écoles africaines et malgaches (Réflexions, Conseils—Souvenirs), Ed. St Paul, Issy-les-Moulineaux, 1969, p.11 et p.45).

30. Cameroun (République Française) : *Arrêtés et Circulaires concernant l'organisation de l'Enseignement*—Yaoundé, Imprimerie du Gouvernement, 1930, p.7.

31. « Rôle social de l'Enseignement en A.O.F. », in *Outre-Mer, Revue Générale de Colonisation*, Larose, 2e tr. 1934, p.1.

32. *Une Conquête morale* ..., p.232.

33. *Id.*, p.154.

34. A. Charton, art. cit., p.12.

35. *Une Conquête morale* ..., p.53-54.

36. A. Charton, art. cit., p.10-11.

37. *Croquis de Brousse*, « Les Problèmes de l'Enseignement aux Colonies », p.271 et 273.

38. *Id.* p.272.

39. *Ibid.*

40. *Afrique Occidentale Française*, Berger-Levrault, Paris 1949, p.174-175.

41. Cité par L.P. Aujoulat, art. cit., p.10.

42. Ibid.

43. *Id.* p.14.

44. « Les Animaux malades de la peste », *Fables*, Hachette, 1984, Livre VII, p.155.

45. Art. cit. p.3-4. Nous soulignons la réciprocité et la solidarité de la dette payable en idéologie.

46. *Id.*, p.4.

47. *Ibid.* Ainsi, la reconnaissance de son actualité et sa vitalité incontestées malgré l'injure du temps attestent le caractère monumental de l'oeuvre de ce pionnier magistral.

48. Titre éloquent d'un livre de William B. Cohen, *Empereurs sans sceptre,* Berger—Levrault, 1973.

49. Denise Bouche signale fort à propos que « Davesne, l'auteur de la série des Mamadou et Bineta, fut Inspecteur de l'Enseignement primaire en A.O.F. et Directeur de l'Enseignement en A.E.F. Son livre, sous un titre modeste, renferme, p.215-274, une solide réflexion sur le problème ». (Ouvr. cit., p.895)

50. Roger Leclerc, C.S. (Pointe Noire) : « Problèmes scolaires en A.E.F. », in *Bulletins des Missions*, Abbaye de Saint André Lez Bruges, T. XXIII, no.3, 3e tr. 1949, p.164.

51. Cité par Léon Baréty : « La Politique indigène de la France », in *La Politique coloniale de la France*, Alcan, Paris, 1924, p.72.

52. Ouvr. cit., p.232.

53. « Discours d'ouverture du Conseil du Gouvernement du 14 déc. 1908. » *Journal Officiel de l'A.O.F.* cité par Denise Bouche, ouvr. cit., p.567.

54. *Vie d'Agricola*, 30, que Larousse traduit en ces termes : « Où ils font un désert, ils disent qu'ils ont donné la paix ».

55. Ceci, et le reste de la revue de citations, s'inspire de l'article cité de L. Baréty, p. 69-93 de *La Politique coloniale de la France*, Alcan, Paris, 1924.

56. *Id.*, p.75.

57. *Id.*, p.76

58. *Ibid.*

59. *Ibid.*

60. *Id.* p.77.

61. Ibid.

62. Cité par Baréty, art. cit., p.78.

63. *Id.*, p.88.

Chapitre 4
Réussite scolaire, faillite sociale

Barbarie et civilisation : l'exploitation déguisée en altruisme
Cette manière d'idéal colonial—si tant est qu'il puisse y avoir une colonisation acceptable—était une hypothèse d'école imaginée par un métropolitain de bon sens, et qui n'a eu d'application en colonie que dans l'imaginaire scolaire d'enfants auxquels on a refusé la science et le respect de leurs valeurs originelles, pour leur inoculer à la place, par doses homéopathiques et quelquefois massives, des leçons rudimentaires d'histoire partielle et de géographie administrative qui attribuaient leurs pays respectifs à un autre État ; leur parlaient de la patrie à laquelle ils appartenaient sans toutefois en être les citoyens, mais qu'ils devaient aimer et servir pour les bienfaits inestimables qu'elle prodiguait à des Noirs incapables, sans les Blancs, de rien entreprendre ni de rien réussir par eux-mêmes, et qui n'avaient eu la chance d'accéder à l'Histoire que grâce aux grands explorateurs et missionnaires dont certains s'étaient sacrifiés pour assurer le salut du Continent maudit. Ce message laïc a une transposition à l'école confessionnelle, que Grill, dans son *Syllabaire*, énonce en ces formules successives :

> Aimez et servez la France, qui est votre protectrice.
> Elle vous a procuré la paix et la prospérité [...]
> La France se trouve en Europe. Ses habitants sont des Français. Ils ont un grand amour pour leurs frères d'Afrique. Des prêtres français ont quitté leur patrie pour venir vous prêcher l'évangile. Vous devez les aimer.
> Priez souvent pour le salut de vos frères.[1]

ou encore, en code subjectif :
> La France est un grand pays. C'est elle qui nous a envoyé les missionnaires. Les bons Pères se donnent un mal incroyable pour essayer de nous mettre sur le chemin du Ciel...²

Les prières fréquentes que l'enfant chrétien est invité, en 1950 encore, à faire pour le salut de ses frères français, correspondent, en contexte laïc, aux contenus des exercices de vocabulaire, d'élocution et de grammaire que le manuel du cours élémentaire impose, jusqu'à cette date, à son élève. Il lui est ainsi demandé successivement de *« conjuguer le verbe aimer la France »* et d'*« analyser les mots de la phrase : Aime la France ! »*³ La réitération des contenus de la prière comme des exercices vise l'inculcation idéologique du devoir d'amour de la Métropole dans la tête de l'enfant scolaire. Auparavant, au cours de l'exercice de vocabulaire qui consiste à compléter les blancs d'un énoncé par les mots qui conviennent, on aura exigé de lui la reconstitution mentale des différents bienfaits que lui et les siens doivent à la générosité de la France : *« tribunal, dispensaire, école, routes, prisons, chemins de fer »* sont les termes proposés, pour les énoncés suivants :
> C'est à l'... que l'enfant apprend à lire, à écrire, à parler français. Le malade est soigné au ... Les Noirs n'ont plus à porter sur la tête de lourdes charges, quand il y a des... et... Les malfaiteurs sont jugés par le... et enfermés en... Les Noirs sont tranquilles maintenant. Ils sont sûrs de récolter en paix le fruit de leur travail.⁴

Les deux dernières phrases comportent la curiosité d'être complétées d'avance ; comme si la tranquillité et la paix, qui sont la teneur véhiculée par le message, n'avaient pas l'évidence du tribunal ou des prisons, qui sont les substances d'un conflit réel établi par la colonisation dans la société indigène. Elles indiquent, en dernière instance, la volonté de contrôle que le livre exerce, dans son moindre détail, sur l'esprit de l'enfant. L'économie du dérapage et d'éventuelles confusions sémantiques explique aussi qu'une question d'élocution soit suivie de l'indication de sa réponse entre parenthèses : ainsi de la troisième :

> Que dois-tu devenir pour mériter ce que la France a fait pour toi ? (Réponse : dernière phrase de la lecture.)[5]

Voici la phrase : « Tu tâcheras de devenir ce qu'elle veut que tu sois : *un homme robuste, travailleur, instruit et juste.* »[6] Cet écho, à peine assourdi, du but que G. Hardy prescrivait à l'École, assigne à l'enfant scolaire son destin social : le devoir d'amour que la France exige de lui à l'École, il faudra qu'il le convertisse plus tard au sortir de l'École en devoir de santé, de travail et de justice à quoi se ramène, en fin de compte, *l'instruction* qu'on lui dispense.

Mais si l'enfant débiteur de la France doit travailler pour honorer sa dette, il ne faut pas qu'il croie pourtant que la métropole n'est qu'une créancière sans coeur ni grandeur. Au contraire ! Car dans sa magnanimité elle promet par surcroît de compenser l'effort, somme toute initiatique, qu'elle exige de son obligé, avec de la richesse et du bonheur qui sont des valeurs autrement mobilisatrices que les superstitions, la famine et l'insécurité primitives. L'instruction aide précisément l'écolier à prendre conscience de cette différence qui sépare la vie d'aujourd'hui à laquelle on le prépare, de celle de la veille ou d'autrefois qu'ont connue son père et son grand-père. La comparaison qu'il peut, ainsi, effectuer entre ces deux types d'existence est d'autant plus susceptible de l'inciter à la collaboration qu'en travaillant par amour de la France, c'est à son propre bonheur qu'il contribue :

> Et sais-tu, enfant, ce que la France te demande en échange de tant de bienfaits ? Elle te dit : travaille ; je t'aiderai et tu deviendras riche. Habille-toi mieux ; construis des cases plus belles et plus grandes ; soigne-toi bien ; écoute les conseils du médecin. Tu vivras plus longtemps, et tu conserveras la santé sans laquelle il n'y a pas de joie.[7]

Un saut épistémique dans les formulations successives de la créance et de la dette signale, par le phénomène de condensation, la présence de l'idéologie dans le texte scolaire. Le manuel dit, en effet, qu'il y a une dette dont le Noir s'acquittera en travaillant. Il ne dit cependant pas pour qui il doit travailler, tout en laissant croire, par la promesse de l'enrichissement, que c'est pour lui-même. L'enfant scolaire comprend ainsi que si on lui demande de s'instruire à l'école et, plus tard, de travailler, c'est uniquement parce qu'on veut son bonheur. Aussi doit-il manifester sa totale reconnaissance à ce pays et à ces hommes tout de générosité qui, au prix d'incalculables sacrifices, contribuent, par leur présence, à assurer le bonheur des peuplades que l'ignorance, l'insouciance, la superstition et les guerres intestines ont jusque-là maintenues dans la misère, la maladie et la mort. Nulle mention n'est faite, en revanche, des bénéfices stratégiques et économiques que ces hommes, venus d'ailleurs, font et escomptent encore pour leur pays en compensation de l'investissement initial, somme toute marginal. On sait que l'idéologie est une catégorie abstraite de modèles inspirés de la réalité des rapports de production, qui est présentée aux individus qu'elle interpelle en sujets comme le meilleur mode possible de représentation des relations entre groupes sociaux, entre les groupes d'hommes, et les choses. L'idéologie développe, en conséquence, *« des formes de pensées socialement valables, c'est-à-dire objectives, pour les rapports de production historiquement déterminés. »*[8]

La Barbarie et la Civilisation sont des constructions théoriques inspirées de la réalité des relations que les deux groupes d'hommes en présence, les Blancs et les Noirs, entretiennent avec les hommes et les objets naturels. Ces deux modèles culturels sont représentés à l'écolier dans une combinatoire efficace d'équivalences qui déterminent non pas une contradiction simple qu'on obtiendrait en affectant l'autre du signe opposé au premier, mais une contradiction inégale qui fonde la supériorité d'une culture sur l'autre et, dans le même mouvement, décuple dans l'espace et le temps les conditions de reproduction de cette inégalité. Devenant prisonnier de ce *« leurre de l'identification »*, l'enfant scolaire va non seulement tenter d'anticiper l'image qu'on lui donne de son projet d'avenir amélioré mais, mieux encore, se contraindre à armer la fiction de son moi en se *dénigrant* systématiquement, c'est-à-dire en décolorant symboliquement sa pigmentation d'une mélanine qu'il discrédite en même temps qu'il assume *« une identité aliénante qui va marquer de sa structure rigide tout son développement mental »*[9] ultérieur.

Outre la représentation illusoire de la colonisation en civilisation, la concaténation discursive de l'idéologie en texte de lecture scolaire masque les rapports d'exploitation coloniale sous le voile de la bienfaisance. Elle rive d'autant mieux, ce faisant, l'enfant scolaire noir à sa créance, qu'elle instille dans sa conscience la méconnaissance nécessaire de la réalité des rapports de production dans les formes mêmes de la reconnaissance de la représentation de leur reproduction. Redoublant le stade du miroir, la colonisation s'immisce en transparence dans l'imaginaire enfantin sous deux formes ambivalentes, l'une de reconnaissance : c'est la civilisation bienfaisante ; l'autre de méconnaissance : c'est l'exploitation déguisée en altruisme. D'où, l'assujettissement du sujet, décrit par Althusser. La marge de la créance que l'indigène accorde à l'Européen aura dès lors tendance à croître proportionnellement en ordre inverse de la part de crédit qu'il s'ôte ; d'autant qu'il a l'illusion tenace, désormais, que son propre bonheur est tout le mal que le Blanc lui souhaite, que pour l'y faire accéder, ce Blanc se donne et est prêt encore à se donner bien du mal, et cela, en échange seulement de sa reconnaissance. Convaincu que c'est bien peu cher payer sa place au soleil et l'accès au bonheur, que la manifestation d'une simple reconnaissance, l'enfant africain, sous l'hypnose de l'École, va d'autant plus s'échiner à quêter la *reconnaissance* de sa reconnaissance par le Sujet, que chaque gradation dans l'échelle scolaire constituera un gain dans l'estime de celui-ci et, par ricochet, un échelon de sa propre réévaluation aux yeux des membres mystifiés de sa communauté d'origine ; phénomène que M. Touffait, Directeur de Cabinet du Ministre de la France d'Outre-mer décrit en ces termes :

> Pour de longues années encore, chaque leçon apprise, chaque leçon nouvelle enseignée, chaque pas vers la connaissance et la culture, peuvent avoir pour effet d'éloigner l'enfant de son milieu, de sa famille, de sa tribu. Cette rupture avec le monde qui l'entoure n'est pas moins redoutable pour l'enfant que pour la société elle-même. Elle crée souvent [...] chez le premier un sentiment d'isolement qui l'amène à se considérer désormais comme un étranger dans sa famille, dans son village, à mépriser un mode de vie qui n'est plus—croit-il—à sa mesure. Elle prive la population rurale de l'élément le plus apte à assimiler le progrès technique et à contribuer à l'élévation du niveau de vie de ces populations.[10]

Ainsi on en arrive à un paradoxe—qui serait cocasse s'il ne concernait le destin de millions d'êtres humains— : dans leur besoin d'être reconnus symboliquement et socialement par le Sujet de l'Histoire, les sujets de *l'histoire* se contorsionnent et se métamorphosent au point d'en venir non seulement à leur propre méconnaissance et à la méconnaissance des leurs, mais, de façon plus bouleversante encore, à manquer précisément la Reconnaissance pour laquelle ils se sont livrés à cette acrobatie, tragique par sa fin dérisoire.

Cet échec dans la quête absurde de reconnaissance du sujet par le Sujet n'exclut néanmoins pas la reconnaissance mutuelle entre les sujets et le Sujet qui seule compte, et s'accentue en raison même de la preuve, par la manifestation de son échec, de l'absurdité d'une telle Reconnaissance, qui subsiste définitivement sous son unique forme concevable, comme impossible possibilité, besoin accru par l'amplification itérative de sa déception nécessaire. C'est qu'on a dit de la contradiction de la Barbarie et de la Civilisation en situation coloniale, qu'elle n'était pas une simple contrariété qu'on obtiendrait en affectant l'autre du signe négatif (plus ou moins A, A et non A), mais qu'il s'agissait plus justement d'une contradiction inégale suivant la formule d'Althusser : $A = B$ et $B > A$. Bernard Mouralis explique le phénomène en invoquant fort opportunément le mécanisme de la *« non réciprocité »* tel que le définit Pierre Furter.[11] Cela implique une relation unilatérale dans laquelle un seul terme est susceptible d'influencer l'autre, conçu comme le support passif et le pôle improductif de l'échange théorique qui se dégrade par conséquent en un scénario de manipulation, d'exploitation et de contrôle des réactions qu'un agent constant produit, à la stimulation du seul moteur actif de la collaboration étrange parce qu'elle recèle un piège dans son mode d'organisation et de fonctionnement. Mouralis introduit et conclut son développement de ce qu'il désigne comme *« une culture coloniale »* en insistant notamment sur deux de ses caractéristiques constitutives, lesquelles concernent sa répartition élitaire et sa transmission spécifique :

[...] l'enseignement colonial repose d'abord sur le mécanisme de ce que Pierre Furter appelle « non réciprocité ». La culture coloniale apparaît ainsi dans un premier temps comme une culture importée dont la mise en place ne correspond pas à des besoins[12] suscités par l'évolution interne de la société africaine et dont l'initiative échappe à celle-ci. Par sa structure même l'enseignement colonial ne permettait pas aux individus scolarisés une intégration à la société dominante.[13]

Une perspective plus fine permet d'appréhender en outre que la preuve ainsi faite de l'absurdité de la quête de la Reconnaissance du sujet conforte, en revanche, par la démonstration de l'impossible égalité qu'elle impliquerait, l'inégalité constitutive de la représentation théorique des rapports de production. La contradiction inégalitaire entre la Barbarie et la Civilisation se trouve de ce fait justifiée en raison, et le sujet, rendu à la raison par la sortie de son rêve d'Icare, peut enfin se reconnaître comme *sujet*. Il intègre alors sans coup férir sa posture normale, comme porteur d'une fonction, à un poste spécifique, dans la formation sociale dont il n'est pas, en dépit de *« l'humanisme théorique » qu'il a cru* voir, un acteur libre et essentiel, mais *très exactement* le support d'un support *« dans le procès de production déterminé par le rapport de production »*.[14] Tant que l'enfant sorti de l'École retrouve naturellement sa place dans l'établissement, entérinant, par la sagesse de sa conduite, la valeur d'anticipation de sa formation initiale, celle-ci acquiert sa validation en généralité. Cette ratification sociale peut seule assurer le fonctionnement de l'École comme Appareil Idéologique d'État et, tant que *cela marche*, elle est *« la garantie que tout est bien, et qu'à condition que les sujets reconnaissent ce qu'ils sont et se conduisent en conséquence, tout ira bien* : « Ainsi soit-il ».[15]

Double dénonciation politique et pratique de l'illusion idéologique

A l'exclusion du facteur historique indéniable que représente la seconde Guerre Mondiale et des bouleversements d'ordre conjoncturel et stratégique qu'elle entraîne pour la Métropole devenue, en conséquence, fragile et—plus que de raison—dépendante de ses colonies, d'autres facteurs organiques d'ordre structurel expliquent la nécessaire précarité d'une telle réalisation de l'idéologie coloniale en texte de lecture à l'École. La condensation qu'on vient d'analyser repose en effet sur une série de postulats qui s'imbriquent mutuellement. Elle pose la Barbarie de la société indigène comme une borne de l'histoire de l'humanité : celle de la carence intégrale. La Civilisation apparaît, dans ce système manichéen, comme le pôle de l'abondance générale. Le saut épistémique par le détour théorique en donnant à intérioriser par l'enfant scolaire et par sa famille originelle, les mythes de la toute-puissance, de l'omniscience, de l'excellence et de l'infaillibilité de l'Occident qui est le dispensateur désintéressé du Bien sur terre, le constitue en une manière de divinité dont, pouvant tout attendre, on peut tout exiger. Or, personne n'ignore que la France, conquérante par son orgueil sublime, figure aussi de tout temps une nation frileuse, rarement rassemblée autour d'une même idée. Aussi sa politique coloniale se ressent-elle de ces prédispositions internes. On se souvient qu'il y eut toujours un décalage entre la politique d'expansion impériale et l'état de l'opinion généralement indifférente, sinon carrément hostile à la poursuite de ce qu'elle considérait souvent comme extravagance dispendieuse ou pure gabegie. Une politique coloniale contestée en métropole avait, en l'occurrence, d'autant moins intérêt à se justifier sur une base dichotomique en colonie qu'il en allait de son acceptabilité. Ce facteur d'ordre politique s'inscrit globalement dans ce qu'on peut nommer le génie culturel du peuple de France, apte à concilier harmonieusement en son sein le conflit constant entre un esprit guelfe et une sensibilité gibeline.[16] Ce peuple état-d'âme a, en permanence, dans sa conscience un débat sur les principes du Bien et du Mal, qu'il peut sans doute résoudre occasionnellement dans le périmètre d'un Hexagone de 500 000 kilomètres carrés occupés par ses 42 millions d'habitants factieux, sans qu'il s'ensuive qu'il puisse en transposer l'évidence, magiquement, sur un ensemble mondial de 12 millions et demi de kilomètres carrés, habités par 70 millions d'âmes méconnues.

Il en va de la politique coloniale comme de la politique tout court. Celle-ci suppose, outre l'initiative, assurance, cohérence et fermeté, pour devenir non seulement crédible, mais surtout productive. Il se trouve qu'au contraire de l'Angleterre, du Portugal et de la plupart des nations coloniales qui ont su taire leurs éventuels problèmes de conscience sous l'unique préoccupation de leur intérêt bien compris, la France n'a pas, en la circonstance, su faire preuve du cynisme qui eût été, sans doute, le seul courage de l'efficacité. On en est presque réduit à postuler que la pire des colonisations consiste moins à pratiquer une mauvaise politique coloniale, qu'à n'en avoir pas du tout. Rome, l'Allemagne, la Grande Bretagne ont démontré qu'il suffisait, dans ce domaine, de tenir deux ou trois idées simples et de croire en son bon droit pour changer durablement la face des nations. Après quoi on peut se permettre de les abandonner à leur sort, jusqu'à les oublier ; tandis que le spectre des anciennes colonies, l'ombre de ses colonies présentes revient toujours *claquer la porte* de la conscience de la France généreuse sans doute, mais quelquefois étonnamment mesquine par sa pusillanimité. Cela explique que vingt-cinq ans après la guerre d'Algérie, elle arrive à peine à décider encore si elle a bien ou mal colonisé ses sujets indigènes,[17] après qu'elle aura passé la grande partie du *temps colonial* à délibérer sur le droit de coloniser et sur la meilleure façon de s'y prendre.[18] On peut mesurer en conséquence l'outrecuidance d'un discours idéologique, dénué de fondement politique et culturel, faisant de la France une divinité tutélaire pleine de libéralité et assurant ses pupilles d'être de bienheureux mortels censés seulement l'aimer pour lui plaire et profiter de ses faveurs. On peut, avec le recul de l'histoire, apprécier la menace que courait une telle construction imaginaire de s'avérer à brève échéance une imposture et une illusion, c'est-à-dire en dernière instance le risque encouru, dès sa profération scolaire initiale, par l'idéologie coloniale de fonctionner d'autant moins à l'idéologie que l'armature de la superstructure allait bientôt manquer du béton structurel de la cohésion politique en métropole, qui eût seule pu susciter et, en tout cas, consolider la confiance pratique de la base de l'ouvrage en colonie.

L'absence d'une mentalité coloniale consistante, la dénonciation de l'illusion idéologique par une pratique politique incertaine, l'insécurité psychologique et l'inconfort matériel des autochtones n'allaient cependant servir que comme disjoncteurs dans un circuit scolaire dont la conception reposait sur un programme d'objectifs incompatibles pratiquement : dominer et instruire. C'est l'aporie nucléaire qui sert de matrice logique aux trois apories constantes évoquées dans sa réflexion sur « Les Problèmes de l'Enseignement aux colonies » par André Davesne : *« conserver les anciennes élites, former des élites nouvelles ; franciser les populations colonisées, respecter leur originalité ; préparer l'émancipation des races, consolider l'Empire français ».*[19] On peut comprendre qu'*« en présence d'exigences également impérieuses et pourtant contradictoires »*,[20] face au dilemme pratique de cette contradiction logique, le privilège soit allé à l'Empire, par nécessité et parce que c'était la solution de facilité. Devenue, faute d'une pédagogie autonome et appropriée, le doublet de l'administration civile, l'école coloniale se privait *de facto* d'un statut spécifique et, partant, de justification culturelle. Chargée dès lors principalement d'un office de police morale, cette École s'acquitta de son rôle en enseignant l'hygiène et en recrutant les élites sociales nouvelles.[21] Aussi, dès qu'elle aura eu dégagé le nombre de commis nécessaires au bon fonctionnement de la machine coloniale, et contribué à la sélection des cent à deux cent mille élites et manoeuvres nécessaires au bon fonctionnement de l'appareil administratif et des maisons de commerce en Afrique noire française,[22] l'École a-t-elle fini de jouer le rôle de sa fonction politique.

Le discours idéologique qu'elle va, par habitude, continuer de seriner aux cadets de cette élite initiale, implique une offre constante d'emploi pour chaque enfant promu par l'École, de même qu'il signifie, *mutatis mutandis*, l'intégration de la colonie à la vie métropolitaine. L'École qui, par la force des choses, a cessé d'instruire—c'est-à-dire, dans ce contexte, de former des élites nouvelles—va, sans y prendre bien garde, se contenter à présent seulement d'exercer, par la police morale, sa domination, devenue sans objet, sur l'esprit quelquefois indocile sous l'apparente indolence d'enfants de villages qui ne l'ont pas conçue, ni désirée, ni même admise culturellement. Son discours apparaîtra à la longue intolérable—bien avant la guerre de 1939-1945—par suite de son inactualité, qui induit son inefficacité morale. Et si André Davesne opère la toilette de ses livres au début des années 1950, c'est tout simplement pour tenir compte du fait que depuis 1940 déjà, le discours qu'ils développaient est devenu *intenable*. La Métropole n'a guère les moyens politiques et financiers de tenir les promesses d'une assimilation même illusoire, pas plus que les colonies n'entendent s'en laisser conter *ad honores* indéfiniment. Davesne en a l'intuition magistrale, qu'on a vue se concrétiser par l'évacuation discursive de la détermination française de l'Afrique Noire (A.O.F., Guinée Française, Gouverneur... etc.) et des Africains (indigènes... etc.) perçue désormais comme anachronique. De même l'indigène va-t-il cesser d'être considéré sous les seules espèces d'un bénéficiaire ou d'un instrument passif de l'activité imprimée par la France, et sa culture comme stationnaire quand elle n'est pas rétrograde. Cela, non seulement parce que ces charges apparaissent réellement injurieuses, mais tout bonnement aussi parce que ce sont des charges coûteuses, que ne peut guère financer le budget de la métropole devenue, en outre, plus consciente de sa dépendance à l'égard des colonies. L'injure avait paru supportable à l'Africain aussi longtemps que sa compensation était une promesse, tenue, de promotion sociale : qu'importait alors d'être pour l'Européen *« selon les régions [...] un « bicot », un « bounioul », un « nhaqué », etc., expressions péjoratives par où il faut entendre que l'indigène n'est pas un homme »*[23] puisque aussi bien la plupart des Africains qui se bousculèrent aux portes de l'École manquaient, dans la société traditionnelle, du prestige qu'ils comptaient y acquérir précisément—avec l'argent par surcroît!

De la sauvagerie au progrès : la réactivation de l'idéologie en texte

On sait que l'École en soi n'est pas productrice d'idéologie. Celle-ci est une sécrétion des structures et des rapports de la formation sociale à la production économique. L'École sert donc simplement à conforter l'idéologie dominante par l'instruction qui l'intègre à la structure de la personnalité de l'enfant, lequel est le père de l'homme. Il vient un moment où la première inscription de l'idéologie en texte de lecture scolaire se révèle inopérante. Sans que l'idéologie coloniale ait cessé d'être opératoire, les conditions de sa profération initiale à l'École ont changé. Aussi est-elle forcée d'imprimer une orientation plus adéquate à sa formulation. Brazzaville en 1944, la Constituante de 1946 n'amorcent pas la fin de la colonisation. Personne ne conteste dans ces cadres respectifs la *politique de mise en valeur* entreprise par la France en A.O.F., en A.E.F., au Togo et au Cameroun. Cependant la réalité des rapports de force économique, politique et culturelle s'est trouvée modifiée par l'effort de guerre, la contribution des colonies à la survie de la Métropole, la scolarisation infime mais indéniable des indigènes qui *« avait ainsi pour effet*, signale A. Davesne, *de poser la question de la légitimité ou de l'opportunité de l'autorité exercée par la Nation colonisatrice »*.[24] On sait, d'autre part, qu'outre les machines militaires et administratives, le système marchand et l'Église, l'introduction de l'appareil scolaire dans la brousse africaine y a provoqué des bouleversements d'ordre social et culturel incommensurables. Or, l'École est, comme on a dit, en tant qu'A.I.E. *« l'enjeu de luttes qui traduisent les tensions et les conflits qui traversent la société »*.[25] Quant aux manuels scolaires, notamment ceux de lecture, *« Condorcet notait déjà dans son rapport que les livres doivent [...] rappeler à chacun ses droits et ses devoirs, ainsi que les connaissances nécessaires à la place qu'il occupe dans la société »*.[26] Grandsimon ajoute enfin que *« le livre scolaire doit être tenu constamment au courant de l'actualité »*.[27]

Vont ainsi présider à la révision des manuels de lecture divers ordres de motivations : en excluant *a priori* les principes du droit dont on peut difficilement imaginer l'enseignement dans un contexte de domination coloniale, les convenances éditoriales de conformation à l'actualité vont autoriser la redéfinition pour l'enfant, de *« la place qu'il occupe dans la société »* : outre l'élimination des anachronismes et l'adoption des usages que l'évolution politique commande, l'idéologie coloniale va subir les aménagements rendus nécessaires dans le texte scolaire. Fini dorénavant les divagations sur la francisation et le déni de culture de l'indigène comme un homme *entièrement à part*. Fini le confinement du Noir à la posture de destinataire obligé, content seulement d'aimer et de servir la France prodigue en bienfaits.[28] Estimant que cette phase initiatique a eu l'utilité d'infuser le mouvement nécessaire à l'ensemble du corps social désormais acquis, ou en voie de l'être, aux impératifs de l'administration, du marché et de l'hygiène, il s'agit à présent de transformer ceux qui ont été jusque-là les bénéficiaires passifs de l'oeuvre de civilisation et de progrès entreprise par les Blancs, en opérateurs de leur propre acculturation. A l'expression arrogante de l'idéologie coloniale va dès lors succéder, dans le livre de lecture, son énonciation discrète.

Aussi l'École, le livre, l'instruction acquiert une position névralgique dans le manuel qui désormais fait volontiers la promotion du savoir aux dépens de l'ignorance. La structure matricielle de l'antithèse demeure constante, mais les termes en sont convertis, du couple Barbarie *vs* Civilisation en celui de Sauvagerie *vs* Progrès, lequel apparaît comme doué de dynamisme, au contraire du précédent, plutôt mythologique. Cela explique, en contexte, *la distinction* de l'École, souvent distante du village ou, lorsqu'elle figure dans son périmètre,[29] surplombant ce dernier du haut d'un coteau ou d'une colline, protégeant son éminence derrière un rideau de fumée, un brouillard ou une haie vive qui matérialise la différence entre les deux univers, en signalant que celle-ci n'est pas une question de degré, mais plutôt de nature. La forme sphérique comme le matériau rudimentaire de l'architecture des cases apparaissent sans commune mesure avec le rectangle, l'élaboration et la résistance caractéristiques de l'architecture scolaire, au même titre que la tradition villageoise jure avec la modernité urbaine à laquelle se rapportent l'École et la résidence du Commandant du Cercle. La ville, voilà l'antonyme parfait du village, en même temps que le modèle proposé à son imitation. Il est significatif que l'hypotypose, l'animation, soit la forme de description privilégiée par la version finale de la série des *Mamadou et Bineta*. Celle-ci vise à communiquer par métonymie son dynamisme aux objets et aux personnes inscrits dans son rapport, à l'inverse de la statique caractéristique de la majeure partie des relations de Macaire et de Grill. La figure mythique du vieux tirailleur chamarré, Camara, cède ainsi la place à l'image du jeune postier Boubacar, qui travaille en ville. La lutte contre les moustiques et les larves, initiée par les Blancs, devient l'affaire de l'enfant instruit par la leçon d'hygiène. De même la mise en évidence de l'enthymème consolateur à la fin de la plupart des textes sur les cultures de rente, comme sur l'habitat villageois a pour finalité, à travers la réhabilitation et la récupération scolaires, d'entraîner la production et la culture autochtones vers le pic du progrès : des filatures ou des usines implantées sur le continent entrent ainsi en concurrence apparente avec celles de la Métropole, jusque-là en situation de monopole, dans le traitement du coton ou de l'arachide cultivés et vendus par les indigènes devenus entre temps, on le sait, des Africains. Dans l'économie du manuel le centre d'intérêt sur le Progrès précède celui de l'École qui a remplacé ceux de l'Armée et de la Colonisation.

Il peut paraître curieux de voir ainsi se succéder la Barbarie et la Sauvagerie, dans un ordre inverse de celui qui est généralement conçu par les anthropologues et les historiens : la Barbarie constituerait, dans l'échelle de l'évolution humaine, le stade immédiatement postérieur à la Sauvagerie. Ici, l'être humain mène une existence inorganisée proche de l'animalité de la horde primitive, tandis que là, il se serait déjà constitué en une société, certes archaïque et déficiente en valeurs, mais réelle. Comment dès lors justifier notre hypothèse qui postule que la réactivation de l'idéologie coloniale dans le manuel actualisé substitue au couple Barbarie *vs* Civilisation devenu inopérant, la paire de la Sauvagerie et du Progrès, alors même que l'image de l'Afrique et de l'Africain semble perdre en négativité ce qu'elle gagne en dynamisme ?

La contradiction n'est qu'apparente ; car la langue du dictionnaire ne fait pas de différence sensible entre *sauvagerie* (férocité, cruauté, caractère de celui qui ne peut souffrir la société), et *barbarie* (manque de civilisation, cruauté, férocité) ; Larousse emploie invariablement les deux termes dans les exemples qu'il cite : « *La sauvagerie de la guerre* » : « *La guerre est une barbarie* ». C'est au reste une ruse familière à l'idéologie de changer d'emballage pour donner l'illusion de s'être transformée. Mais l'on ne peut nier les réaménagements discursifs des manuels opérés par Davesne comme on n'a pas le droit de sous-estimer la différence de structure entre l'antithèse : Barbarie *vs* Civilisation et la progression : de la Sauvagerie au Progrès. L'une est effectivement d'ordre mythologique et statique ; l'autre est dynamique et opératoire. Aussi peut-elle remonter, de manière compréhensive, le plus loin possible dans la nuit des temps, pour rendre bien évidente aux cadets des élites initiales la borne extrême où l'Occident a dû aller afin de retrouver l'Afrique, faisant l'école buissonnière sur le chemin en lacet qui monte vers la Civilisation. Car l'une des propriétés remarquables de l'idéologie consiste à faire l'économie à la fois de la redondance et de la déperdition sémantiques : la barbarie, comprise entre la civilisation et la sauvagerie, est ainsi un contenu implicite du message qui, par la désignation floue du substantif « progrès » (augmentation ou amélioration ?), dénote le mouvement mais se contente de connoter la Civilisation qu'elle laisse entendre en bénéficiant de *l'innocence du silence*. Aussi bien l'inscription textuelle de l'idéologie coloniale à l'École a rempli, dans l'imaginaire des premières élites africaines, sa fonction propédeutique par l'élaboration et la mise en place du scénario antinomique de la Barbarie et de la Civilisation, qui aura surtout fonctionné à *franciser l'indigène*. A cette phase conflictuelle va succéder celle de la coopération qui, tout en consolidant les acquis symboliques et substantiels de la propédeutique, va s'employer, partant du scénario progressif de la Sauvagerie au Progrès, à obtenir des cadets sociaux ce qu'on pourrait appeler *l'indigénisation de la civilisation*, c'est-à-dire que l'indigène devienne, selon le voeu du manuel, citant un extrait de R. Delavignette, son propre colon :

> Le terme « colon » désigne d'habitude un Européen. L'on s'aperçoit maintenant qu'en Afrique noire, le véritable colon, c'est le paysan indigène, un paysan outillé et mis à l'aise dans une Afrique enfin aménagée.[30]

Grâce à la structure antinomique, l'idéologie assure *sans histoire* les différentes fonctions de motivation et de justification par la progression coopérative, celles de mobilisation et de reproduction destinées à changer la face de l'Afrique noire et à intégrer les Africains dans l'histoire car, personne ne l'ignore, et l'expérience théorique et pratique le prouve : *« si les hommes ont une histoire, c'est parce qu'ils doivent produire leur vie et, il est vrai, d'une manière déterminée »*.[31]

La manière nouvelle dont les Africains doivent produire leur vie s'inscrit désormais dans les livres de lecture à l'école primaire sous la forme d'un double courant centrifuge et centripète. Avant, c'était l'imparfait maudit de la carence et de l'impuissance. Après, ce sera le futur béni de l'abondance et de la puissance. Au centre, il y a le présent perfectible où, grâce à l'influence positive de l'Europe, s'opère une conversion qui atténue les catégories initiales en retard, en rareté et en ignorance, somme toute surmontables avec la coopération des peuples concernés. La perspective a ainsi évolué de part et d'autre de la chaîne de solidarité : la conjoncture antérieure qui présentait jusque-là les partenaires suivant le seul axe du pouvoir—la France bienfaisante, active, opérationnelle ; l'Afrique bénéficiaire, passive, obligée—les associe à présent, en fonction aussi du vouloir, dans l'axe du savoir ; l'Afrique devient un sujet agissant dans le sens d'un désir, pendant que la France, grâce à une meilleure maîtrise de la science et de la technique, guide ses premiers pas de son conseil, son attention et sa prévenance. On mesure le pouvoir de séduction d'un tel programme pour des personnes qui avaient accoutumé de s'entendre répéter qu'elles représentaient la nullité intégrale, la vermine de la terre, incapable à ce titre de figurer dans l'histoire de l'humanité. Non seulement l'Afrique devient viable dans ce discours, mais l'Africain semble sinon promu, du moins promis à l'humanité. Raoul Girardet cite cet extrait du *Voyage au Dahomey* qui résume assez nettement—à cause de l'outrance et de la caricature—la vision avec laquelle contraste cette représentation qu'on veut nouvelle du Noir :

> Le nègre sauvage et barbare, écrit le romancier Armand Dubarry dans un récit de *Voyage au Dahomey* publié en 1879, est capable de toutes les turpitudes et, malheureusement, Dieu sait pourquoi, il semble être condamné dans son pays d'origine à la sauvagerie, à la barbarie à perpétuité. Trois semaines de labeur par an lui suffisent pour assurer sa provision de riz, de maïs, etc. S'il travaillait pendant six mois, il ferait de sa patrie le paradis. Mais le manque de toute idée de progrès, de toute morale ne lui permet pas de se rendre compte de la valeur incalculable, de la puissance infinie du travail, et ses seules lois sont ses passions brutales, ses appétits féroces, les caprices de son imagination déréglée. Il vit au jour le jour à l'aventure, insoucieux du lendemain. Son goût peu délicat lui permet de s'accommoder de la nourriture que lui donne le hasard.[32]

Voilà la vision lunaire qu'avaient de l'Afrique les romanciers qui, entre autres heureusement, ont enchanté l'enfance de Davesne, Macaire, Grill et de nombre de coloniaux. Telle est grossièrement, outre les serpents fabuleux et les paysages exotiques, la mythologie romanesque qui a peuplé de rêves et de projets leur imaginaire, avant qu'il accèdent à l'âge de raison et à la vie d'adultes. Au moment où ils abordent les colonies, ils sont habités encore par l'écho de cet univers romanesque, et l'on se rappelle Hubert Lyautey rétorquant à l'un de ses interlocuteurs que *depuis vingt ans les peuples qui marchent ne font que du Jules Verne*. Cet écho construit inconsciemment la nappe superficielle du discours initial qu'ils énoncent, dans la réalité et dans les livres, à l'adresse des Noirs qui devraient, alors, figurer individuellement l'original des images aperçues dans les romans enfantins. Jules Lemaître décrivant un spectacle de danse africaine au Jardin d'Acclimatation en 1887 ne demandait-il pas à son public : *« Qu'est-ce que ces gens là sont venus faire au monde ? »*, question à laquelle il répondait :

> Eh bien ! disons donc que les Achantis et les autres sauvages existent pour nous servir un jour. Quand la terre commencera à se refroidir, les races supérieures obligées de redescendre vers l'Afrique centrale seront bien aises que ce pays leur ait été préparé et rendu habitable par ces pauvres nègres.[33]

La projection de tels clichés n'est plus tout à fait possible un demi-siècle plus tard en Afrique coloniale, comme n'est plus énonçable cet ordre de discours, non seulement parce qu'ils passent pour une injure aux yeux d'Africains avertis— dans une certaine mesure grâce à la scolarisation—mais, surtout parce que pareilles images et ce genre d'énoncé sont susceptibles, par leur force de démobilisation, de contrarier et même de neutraliser la dynamique économique nouvelle que la métropole, usée par l'effort de guerre mondiale, souhaite imprimer à ses colonies afin de se remettre à flot. Par un savoureux paradoxe qui est l'un de ses ressorts secrets, l'idéologie coloniale va ainsi, pour lui donner raison finalement, commencer par faire mentir Jules Lemaître et ceux de son espèce : ceux-ci avaient prédit que les peuples primitifs existent pour servir les intérêts de l'Europe ; en cela ils ont vu juste. Ils avaient expliqué aussi que ces peuples immoraux, paresseux, insouciants, sont ineptes et rétrogrades ; ce qui n'est pas faux, mais qui n'a, dans la conjoncture difficile et encore incertaine de l'après-guerre, aucune utilité pratique. En revanche dire à l'Africain qu'il a cessé d'être *un nègre* et qu'il est devenu *un noir* grâce au Blanc, ceci—qui n'engage par ailleurs à rien—a la propriété de flatter sa vanité—qui n'a que trop tendance à paraître—, et le don de l'attacher à son bienfaiteur, lequel double dès lors sa mise, sur un coup de bluff.

Le redoublement idéologique du texte de lecture

Convaincu qu'il n'a eu accès à l'africanité que sur la valeur discursive qui a pu seule le convertir de nègre en noir, il va désormais *travailler comme un nègre* pour accéder à l'étape supérieure de l'humanité qui consiste, pour l'Africain, à être *civilisé*, c'est-à-dire, en dernière analyse, à ne plus sentir son sauvage, comme l'exprime Hardy dans les dernières pages étincelantes de lyrisme de son livre :

> Le triomphe des Blancs s'explique donc par des raisons tangibles, et il contient des bienfaits [...]
> Ils ne sont pas des sorciers, mais des hommes de qualité supérieure, et les noirs aussi sont des hommes.
> Ainsi le monde s'éclaire et s'élargit ; l'interdit qui semblait peser sur les noirs est levé, l'ambition devient permise et trouve à sa portée des moyens réguliers et sûrs [...]
> Des joies et des fiertés jusqu'alors inconnues s'offrent au conquérant. Il est toujours bon d'être riche, bien vêtu, honoré, mais il convient que ces biens ne sentent plus le sauvage. Sauvage,

> voilà la pire des insultes ; cela signifie la brutalité de l'animal, la sottise invétérée, l'absence de raisonnement, le plaisir grossier, les préjugés barbares, l'imitation obstinée d'ancêtres ignorants. Il faut s'élever à la dignité d'homme, briller par ses qualités propres et non plus seulement par les signes extérieurs de la puissance ; il faut avoir l'estime des blancs, qui seuls se connaissent en hommes ; après quoi l'estime des autres noirs vient d'elle-même.[34]

Ce discours nouveau semble le redoublement du précédent discours ; et s'il ne l'était pas, il ne véhiculerait pas l'idéologie constante qui vise à mettre en place, dans la structure mentale du nègre colonial, l'opinion suivant laquelle la politique réelle de *mise en valeur* de l'Afrique consiste moins dans une hypothétique exploitation des richesses fictives d'un sol et de personnes déficients, que dans une oeuvre prométhéenne de pédagogie caritative. La nouveauté réside dans le redoublement même qui implique qu'il y a renouvellement. Elle réside, d'autre part, dans le changement du véhicule du message, lequel passe, dans le livre de classe, de la tautologie simpliste qui consistait à faire agréer le bien-fondé de la colonisation sur la démonstration de la puissance militaire, à une tautologie élaborée qui légitime celle-ci par l'inscription de l'École à l'école ; mais l'innovation décisive de la réflexion de l'idéologie coloniale dans le texte scolaire consiste en cela surtout qu'elle valorise la culture indigène, dans le temps même qu'elle établit une meilleure évidence de la primauté de la civilisation occidentale sur celle-ci.

Alors que dans la réalité la politique coloniale s'enlise dans la jactance *africaine française*, l'idéologie coloniale semble avoir trouvé, à la faveur du renouvellement des manuels scolaires d'André Davesne au début des années 1950, sa formulation sinon définitive, du moins idéale si l'on admet avec Jean-Yves Martin que *« la nature fondamentale de l'éducation—tout en reflétant l'instance dominante de la société globale* [est] *politique et idéologique, puisque sa fonction première dans toute société est la socialisation, c'est-à-dire l'intégration sociale et politique par l'intermédiaire de processus d'intériorisation idéologique »*.[35] Dans son désir irrépressible de compenser sa carence de science réelle ainsi que sa déficience pédagogique évidente, le manuel de lecture qui a déjà largement contribué à la déréalisation de l'enfant noir désormais désadapté à sa société d'origine, va oeuvrer à sa *socialisation* dans l'univers inédit qui s'est progressivement constitué en situation coloniale. Cette ambition s'impose, on le comprend, plus à Davesne et à l'école publique qu'à Macaire et à Grill, comme un devoir en même temps qu'une conviction ; cela, parce que *« les organes de l'enseignement sont, à chaque époque, en rapport avec les autres institutions du corps social, avec les coutumes et les croyances, avec les grands courants d'idées »*.[36] Le service de Dieu commande un discours stable, qui prenne du champ par rapport aux contingences incertaines de l'histoire des hommes dont c'est la propriété de changer sans cesse. A l'inverse, le service de la République exige la solidarité avec les contraintes impérieuses et parfois contradictoires du politique. Aussi, l'École qui s'est honorablement acquittée de sa mission initiale de sélection des élites va-t-elle, à présent qu'elle s'est vue affecter à la place laissée vacante par l'armée rappelée en métropole pendant la guerre, se consacrer totalement à la tâche de pacification entreprise par cette dernière. On se doute qu'elle n'ira par user de mitrailleuses—au demeurant réquisitionnées ailleurs—pour ce faire. Elle pacifiera de manière civile et néanmoins civique, on l'a deviné, par l'idéologie qui lui est une méthode autrement familière, puisque par fonction, sinon par nature, l'École manipule l'arme des idées. Jean-Yves Martin distingue opportunément, dans son étude sur le Cameroun, deux phases de la colonisation, que sépare le souci de légitimation imposé par la conjoncture internationale. Ayant relevé, sans inférer un lien de causalité nécessaire, que les zones de concentration scolaire coïncident avec les zones dites *utiles*[37] de l'implantation coloniale, puis fait observer que la prépondérance des faits économiques de la colonisation originelle s'est, avec le temps, vu substituer celle des déterminants politiques,[38] l'auteur écrit :

> A l'origine, ce fut l'État colonial qui assura l'encadrement politique permettant une exploitation multiforme et qui ne s'embarrassa que tardivement de nécessités de légitimation [...]
> La fonction du système scolaire [fut] de légitimer le système politique. La production idéologique de l'école [eut] pour fonction de reproduire l'autorité de l'Etat.[39]

Ainsi, l'inadmissible que redoutait Hardy, devant l'extension des tâches dévolues à l'École, de voir celle-ci devenir *un État dans l'Etat*,[40] voici que par le zèle du plus fidèle de ses émules, ce scandale arrive et donne, sans contrariété pour les parties, raison au grand maître. A force de seconder l'État colonial et *« de faire de son enseignement tout entier une préparation aux modes d'existence qui* (nous) *paraissent désirables pour les indigènes »*, l'École a fini par s'« *apparenter de plus en plus étroitement aux intentions de notre oeuvre coloniale »*,[41] au point d'en devancer les désirs du commanditaire légal, voire de se substituer à celui dont elle ne fait, en dernière analyse, que *reproduire l'autorité* sur les descendants de ces indigènes auprès desquels elle fait office de *gouvernante*. Qu'est-ce qu'elle leur apprend, et à quoi est-ce qu'elle les forme en fin de compte ?

Elle commence prudemment par écarter le contexte antérieur de la brutalité et de la sujétion militaires ainsi que les éléments subversifs de l'environnement immédiat, c'est-à-dire le macrocontexte contemporain, évacuant de la sorte les diverses aspérités susceptibles de gêner la transmission du discours amiable qu'elle se propose de tenir. Sous le fallacieux prétexte d'éviter des scènes traumatisantes à une jeunesse qu'elle prépare à l'optimisme, elle va l'amputer d'un pan de sa mémoire, lui ôtant, du même coup, la possibilité de s'imaginer une autre histoire que le destin que lui forge l'École. A l'abri de l'histoire conçue comme processus de contradiction, l'écolier va s'entendre tenir, sur un fond particulariste et partisan, un discours à prétention universaliste qui ne se montre disposé à admettre la différence que dans la mesure où celle-ci adhère aux normes des intérêts qui l'élaborent et qu'il reflète. L'humanisme résiduel, véhiculé par les manuels scolaires à partir de cette date, représente la particule de savoir que l'intérêt du capitalisme impérialiste consent à communiquer aux colonisés en contrepartie de leur travail, et comme moyen d'améliorer leur rentabilité. Ce savoir exclut les valeurs réelles, qui représentent les conquêtes de l'humanité : la Science, le Droit, la Liberté, la Nation, la Patrie, l'État... *etc.* ; sont offertes, à la place, des valeurs frelatées et dérisoires : l'argent, le confort, la bureaucratie... *etc.*, qui, loin de contribuer à son auto-développement, concourent à mieux assurer l'aliénation de l'indigène par son enchaînement aux illusions et au leurre, caractéristique de la caste nouvelle que Louis-Paul Aujoulat a, dans une image savoureuse, dénommée la *féodalité du parchemin*.[42] Les membres de cette confrérie, qui a durablement essaimé sur les bords de l'Atlantique, ont immédiatement considéré—et pour cause—leur certificat d'études comme *« le diplôme d'évasion grâce auquel la brousse est désertée »*.[43] Exode qui, fini l'attribution des maigres postes de commis et de clercs réservés à chaque colonie, a largement alimenté la création du prolétariat urbain et des poches de frustration dont sortiront plus tard les premiers syndicalistes et certains des combattants de la libération et des droits, ignorés de l'École, que leur ont enseignés la rue et la misère.

Quant aux nouveaux aristocrates sur lesquels se lèveront *les Soleils des Indépendances*, ils seront, pour la majorité, fidèles à la sagesse du discours scolaire qui les a modelés à cet effet. Ils ont ainsi appris dans les livres que l'Afrique primitive n'était, malgré son improductivité notoire, pas tout à fait stérile. Certes, les carences matérielles, intellectuelles, morales et spirituelles révélées au monde par les fables des explorateurs sont incontestables, comme sont indéniables des déficiences physiques et mentales constatées par les premiers missionnaires et administrateurs militaires et civils. Dans un élan de générosité admirable, ces divers bienfaiteurs de l'humanité se sont fait un devoir moral d'apporter à ce Continent maudit, jusque-là enveloppé dans *« une sorte de légende vaste et obscure »*,[44] la lumière de vie qui l'aide ainsi à gagner du terrain sur l'obscurité, la misère, la maladie et la mort, qui ont longtemps régné en maîtres, d'autant plus implacables qu'elles étaient absolues. Nos *têtes sages* savent aussi, pour l'avoir lu dans les livres de classe, que l'Europe est, en revanche, le modèle d'excellence et l'étalon de la valeur. Elle a donné naissance à des myriades d'artistes, de philosophes et de savants qui ont oeuvré au progrès des sciences, des techniques et à des réalisations artistiques et spirituelles qui concourent désormais au bonheur de l'humanité entière. Ce patrimoine de l'Europe est le trésor qu'elle consent volontiers à partager avec l'Afrique, à condition que celle-ci apporte sa part de contribution, si modeste soit-elle. Les vocations de l'Afrique et de l'Europe sont complémentaires, comme le jour l'est de la nuit qu'il éclaire de son soleil.

La fatalité naturelle peut être levée par le devoir moral : la finalité historique exige, en échange de la santé et de l'abondance, que l'Afrique mette à contribution ses potentialités naturelles et humaines limitées pour en faire des biens économiques ; que les Africains travaillent d'arrache-pied, pour arracher à la terre les matières premières d'origine animale, végétale et minière qu'elle recèle. Ils pourront ensuite vendre ces produits à l'Europe afin de s'acquitter de leurs devoirs civiques, notamment l'impôt, grâce auquel on finance la construction des écoles, des dispensaires, des marchés, des routes, des chemins de fer, des ports et des prisons. L'École informe leurs enfants de ce qu'il ne faut pas ignorer sur les intentions des Européens qui mènent le monde désormais. Le dispensaire contribue à l'amélioration de la santé, qui est la condition du travail. Le fruit du travail est transporté par les routes au marché, où il est échangé contre de l'argent. Par le chemin de fer le produit est convoyé jusqu'au port où il est embarqué pour l'Europe, d'où viennent les biens de consommation dont l'Africain a besoin pour améliorer ses conditions d'existence : vêtements et chaussures ; tôles, clous, serrures, ciment, béton pour la construction des maisons solides ; toiles, couvertures, porcelaine, lampes, fusils, livres, cahiers, encre, sucre, sel, rasoir, bref l'ensemble des articles dont les manuels assurent directement ou indirectement la promotion à l'Ecole[45], et qui sont les signes extérieurs de la civilisation en marche. La prison est la maison qui sert à enfermer ceux qui ne paient pas leurs impôts et volent, en conséquence, le fruit du labeur des honnêtes gens. On se doute qu'il s'agit visiblement là d'un cercle infernal, constitué autour de la trilogie travail-argent-impôt, qui assoit la dépendance de l'indigène à la chaîne humaine de la civilisation.

Il n'est sans doute pas sans intérêt de relever l'analogie qui existe entre l'impôt et la consommation des biens importés. Elle explique que, dans l'esprit du colonisateur, l'un puisse être tout naturellement substitué à l'autre en cas de défaillance du système. Ainsi, pour compenser la réticence des Africains face à l'incitation à la consommation, il suffit de relever le taux de l'impôt qu'ils sont bien forcés de payer. La création de nouveaux besoins obéit à la méthode de séduction ; la généralisation de l'impôt, à celle de la coercition. Les deux méthodes ont effectivement été employées, soit concurremment, soit à la suite par l'administration coloniale française qui suppléait, par cette lâche hypocrisie, sa répugnance officielle du cynisme :

> Puisque l'administration refusait de cautionner officiellement le travail forcé, et qu'il ne suffisait pas de créer de nouveaux besoins pour mettre au travail des populations désorientées par la déstructuration de leur système social et affaiblies par la sous-alimentation chronique et les endémies, la coercition née de l'impôt apparut, aux théoriciens [...] comme l'instrument nécessaire de la mise en valeur puisqu'elle devait permettre, à la fois, de remplir les caisses de la colonie et d'obliger les paysans à gagner de l'argent. En un temps où la notion d'« aide aux pays sous-développés » était inconnue, on y voyait même la juste rétribution des efforts du colonisateur. Mais les Africains furent seulement sensibles à l'extorsion sans compensation des fruits de leur travail.[46]

L'inculcation idéologique de l'École allait heureusement dispenser progressivement l'administration de recourir à cette basse méthode, puisque assez rapidement les Noirs semblent avoir consenti à consommer de plus en plus de biens produits par la métropole. Une enquête d'Henri Brunschvicg sur la publicité dans les journaux officiels du début du siècle en A.O.F. permet de se faire une idée de la complémentarité productive entre l'instruction coloniale et l'incitation à la consommation d'articles d'importation. Deux cent vingt-deux annonceurs passent ainsi 3 483 annonces qui concernent, entre autres, l'alimentation, la médecine et la pharmacie, les grands magasins de prêt-à-porter, les commerces divers (chaussures, pipes, bijoux, porcelaine, parfumerie, *etc.*), l'outillage agricole et forestier, l'artisanat, la mécanique et l'habitat. Bien que modeste encore à l'époque, cette clientèle indigène qui allait prendre l'envergure qu'on sait aujourd'hui, avait partie nécessairement liée avec l'École, l'unique institution établie par le Blanc pour initier le Noir à la lecture :

> Pour développer ses affaires, commente Brunschvicg, il fallait conquérir la clientèle. Cela demandait beaucoup plus de dix ans. Les Noirs n'ont pas été totalement étrangers à la publicité. Les lettrés lisaient les journaux et les commerçants indigènes ou européens de la côte les utilisèrent aussi pour recruter des clients.[47]

Ainsi la consommation des biens d'importation s'assimilait à une forme, qu'on pourrait dire positive ou heureuse, de l'impôt de base. Elle rétribuait, en aval, l'investissement colonial initial qui, en amont escomptait et tirait d'une main-d'oeuvre presque gratuite une pléthore de ressources dont il eût suffi de rationaliser l'exploitation pour couvrir, en ce domaine, les besoins de la métropole et fournir, du même coup, aux colonies des moyens accrus de consommation exogène. L'idéologue de la coloniale dresse un répertoire accompagné de ce commentaire :

> Les colonies françaises offrent les produits les plus divers : [...] café et cacao de la Côte d'Ivoire, du Togo et du Cameroun [...], oléagineux (palmistes, arachides, etc.) de l'A.O.F. et de l'A.E.F. [...], textiles végétaux comme le dâ, le sisal, le raphia, le kapok, caoutchouc et bois de l'A.E.F. [...], pétrole de Madagascar, de la Nouvelle-Calédonie et du Cameroun [...] etc.
> La plupart de ces produits sont indispensables à la Métropole, soit pour son alimentation, soit pour son industrie. Quand on réfléchit un peu, on s'aperçoit sans peine qu'une grande partie de ce que nous consommons ou utilisons vient

> des colonies : aliments et boissons, pharmacie, vêtements, ameublement, pneus de bicyclette et d'automobile, etc.
> Si les colonies françaises étaient en mesure de fournir à la Métropole tout ce qui lui manque, elles s'enrichiraient elles-mêmes et elles permettraient à la France de se libérer pour une bonne part de la tutelle économique de l'étranger : c'est bien clair, par exemple, pour de grands produits comme le coton et le caoutchouc.[48]

Voilà les mobiles que visent à dissimuler les altérations et les divers déplacements qui affectent le discours des manuels scolaires à l'aube des années 1950. La fausse reconnaissance qu'il font mine de témoigner à la culture des autochtones à partir de cette date est une manoeuvre de récupération qui, à travers la réhabilitation du nègre, cherche à l'ancrer dans la civilisation où il se trouve intégré, au poste instrumental de fournisseur de matières premières, et de consommateur de produits finis d'origine occidentale. La coopération que le discours du manuel propose à l'enfant noir dont il construit la personnalité de base, exclut la réciprocité : il s'agit d'un contrat de contradiction inégale fondé sur l'extrême spécialisation des partenaires. L'Europe y figure le poste de l'initiative, du savoir et du pouvoir. L'Afrique est au four et au moulin, pour récolter les miettes d'un marché dont elle ne contrôle et ne peut contrôler aucun levier. Ainsi les changements discursifs visent à renforcer l'idéologie coloniale dont ils assurent la permanence, dans le livre scolaire autant que dans la tête des enfants scolarisés. Avec l'intervention de ces déplacements formels, le fil du discours n'est pas interrompu, en dépit du caractère effervescent de ce que Davesne et ses congénères appellent le *bouillonnement des idées neuves*[49] : la communication est toujours possible. Le renouvellement des concepts et des conceptions rend légitime la situation de discours, par la coopération qui semble impliquer la réciprocité entre le nouveau *« colon indigène »* et l'ancien colon métropolitain, le transfert de technologie visible dans l'implantation en Afrique de filatures et d'usines, naguère le monopole de la Métropole. Cette représentation illusoire rend effective l'action, puisque l'Africain moderne travaille, gagne de l'argent, commence à s'habiller et à se construire de grandes et belles maisons, comme le Blanc. Elle permet en outre, par le double effet de démonstration et d'entraînement des modèles qu'elle met en scène, la reproduction des conditions de ces divers rendements.

Aussi bien l'imposition scolaire, à défaut de répondre à un besoin et à l'initiative de la culture qu'elle concourt à miner dans l'esprit des enfants qu'elle forme, finit néanmoins par correspondre à une demande de la société qu'elle contribue à remettre sur pied, dans le sens de l'intérêt bien compris de la Nation qui l'a conçue et exportée, en colonie, pour y justifier et légitimer sa présence, scandaleuse sans cela. Et chaque année, ce système scolaire oeuvre à la formation de nombreux adeptes de cette nouvelle vision du monde, tandis que l'autre s'effondre en célébrant la gloire de ses fossoyeurs, dans des hymnes qu'Hardy se fait un plaisir de transcrire :

> La classe s'en va...
> Bon an mal an, ils sont bien trois ou quatre mille qui rentrent définitivement dans la société des hommes. Trois ou quatre mille, sur qui nous comptons pour infuser des soucis nouveaux dans l'âme de la foule indigène et pour opposer aux idées fausses une somme de notions utiles. La classe s'en va [...]
> Mais, s'ils prennent des chemins différents, [...] il n'est pas un seul de ces libérés qui ne garde profondément l'empreinte de l'école [...] une

tournure d'esprit, des habitudes nouvelles, tout un outillage plus important qu'on ne le croit souvent. Personne d'entre eux ne s'en va tel qu'il est venu.
Dans ces têtes que nous avons repétries [...] l'image d'un monde nouveau a remplacé le grossier dessin que nous avons tâché de reproduire [...] ; sans doute le tirage en est-il de valeur inégale ; mais il est certain qu'on y reconnaît le monde réel, ou du moins le monde tel que les civilisés d'aujourd'hui le conçoivent [...]
Trois ou quatre mille de ces images s'installent donc à la fin de chaque année scolaire au coeur des sociétés indigènes [...] et les principales valeurs [...] s'imposent à l'entourage, comme ces objets qui sont aux vitrines, qu'on voit tous les jours en passant, et qu'on finit par acheter [...]
La classe s'en va ; mais son coeur nous reste acquis et son esprit garde notre empreinte. Comme un cheval de trompette, elle frémit quand éclate à ses oreilles une fanfare française.[50]

Il est légitime de concevoir que pareil frémissement ne peut être la manifestation que d'une culture convertie en nature, à force d'inculcation. Mais eût-il été vraiment raisonnable d'exiger de la greffe d'une École dénuée de pédagogie et hostile à la science sur un corps social, infecté précisément par le chirurgien, qu'elle produisît un autre effet que la dépendance médicale ? C'est ainsi, en effet, qu'on doit nommer le germe, introduit au coeur de la personnalité de l'enfant, pour assurer la reproduction, *sans histoire*, de l'aliénation de sa société à *la* civilisation. Et c'est en la structure de dépendance intériorisée par l'enfant scolaire que semble se résorber l'aporie nucléaire constituée par la double vocation assignée à l'École en colonie : dominer et instruire.

Notes

1. Ch. C. Grill : *Syllabaire, 2e livret*, Les Presses Missionnaires, Issy-les Moulineaux, 1950, p.11.
2. *Id.*, p.23.
3. *Mamadou et Bineta lisent et écrivent couramment*, C.E., 1931, p.166.
4. Ibid.
5. Ibid.
6. *Id.*, p.167.
7. *Ibid.*
8. J.P. Faye : « Récit mythique, narration critique », *Théorie du Récit. Introduction aux « langages totalitaires »*, Hermann, « Savoir », 1972, p.27.
9. J. Lacan : « Le stade du miroir » in *Écrits I*, Seuil, 1966, p.93-94.
10. « Discours d'ouverture de la Conférence des Directeurs de l'Enseignement de la F.O.M. » in *Enseignement Outre-Mer*, no.7, déc. 1955, p.8.
11. Mentionné par B. Mouralis in « Essai sur le statut, la fonction et la représentation de la littérature négro-africaine d'expression française ». Thèse d'État, Université de Lille III, 1978, 1981. p.116.
12. Mouralis aura défini auparavant la valeur finale de cette culture excentrique et instrumentale : *« La culture coloniale apparaît comme une culture spécifique* (ni africaine, ni européenne) *dont l'initiative échappe à l'Africain et à laquelle le colonisateur s'efforce de donner une efficacité limitée.* », (Ouvr. cit. p.92).
13. *Id.*, p.116-117.
14. L. Althusser, *Positions*, Éditions sociales, 1976, p.166.
15. *Id.*, p.120.
16. (a) *Historiquement*, le nom « *guelfe* » est celui d'une famille allemande qui prit le parti des papes contre les empereurs. Par extension il désigne en Italie ceux qui soutinrent la papauté au contraire de leurs ennemis, les gibelins partisans de l'Empereur d'Allemagne (Robert).

(b) *Mythologiquement*, d'après Michelet auquel R. Barthes se réfère, « *l'esprit guelfe* » est celui « *du scribe, du législateur ou du jésuite, un esprit sec et rationaliste* » qui se distingue de « *l'esprit gibelin* », [...] *féodal et romantique, de dévotion de l'homme à l'homme. (Cf.* « Roland Barthes s'explique », entretien avec Pierre Boucenne in Magazine *Lire, 44,* avril 1979, p.33).

17. Alors qu'Alain Ruscio condamne l'entreprise sur la base d'une comparaison entre les conditions de vie héritées par les anciennes colonies respectives du Royaume-Uni et de la France, « *la tare essentielle étant la négation de l'identité nationale* » des peuples asservis par cette dernière *(Cf. La Décolonisation tragique,* Messidor—Éditions Sociales, 1987), Michel Leroy dénonce « *cette névrose de culpabilité qui menace [...] plus particulièrement l'Europe d'une dépression nerveuse collective* » par suite de la propagation d'un bovarysme dont il fait remonter les germes du « *mythe du* « bon sauvage » *de Montaigne à Claude Lévi-Strauss en passant par les* Lettres *édifiantes des jésuites* », avant de demander avec gravité « *si le sort de l'Afrique n'aurait pas été pire sans l'aventure coloniale des puissances européennes ; si notre culture n'est pas grosse de valeurs, de découvertes et de techniques qui sont bénéfiques à l'ensemble du monde.* » *(Cf. L'Occident sans complexe,* par Michel Leroy et le Club de l'Horloge, Carrère, 1987). Ces deux ouvrages sont présentés dans le no.13 192 du *Monde* des 28-29 juin 1987 par André Laurens dont l'article intitulé « Deux réponses à la question coloniale » s'achève sur cette phrase symptomatique : « *La question coloniale n'est pas, on le voit, encore réglée.* » (p.5).

18. *Cf.* Raoul Girardet : *L'Idée coloniale en France* (1871-1962), La Table Ronde, 1972. Notamment les chapitres II—« Le grand débat » (p. 43-66) et XIII—« Familles de pensée et débat colonial » (p.258-284).

19. *Croquis de brousse* ..., p.273.

20. *Ibid.*

21. Georges Hardy définit cet office de police de l'école en sabots de paysanne lorsqu'il apparente cette dernière à une institution bien connue du XIXe siècle en France : « *Ce n'est donc pas,* écrit-il, *sur des succès de lecture et d'écriture qu'on doit juger les résultats*

d'une école indigène : son genre d'action se rapprocherait plutôt de celui de nos écoles maternelles ou de nos jardins d'enfants, et ce principe vaut même, à ce qu'il semble, pour des écoles indigènes d'un niveau élevé, où l'on est toujours tenté de trop réduire la part du concret, de l'adaptation au milieu, de l'exercice intellectuel proprement dit ». Dans le même ordre d'idées, ce morceau de sapience pédagogique : *« Le danger n'est jamais d'enseigner trop peu, c'est d'enseigner trop ». (Nos grands problèmes coloniaux,* A. Colin, 1929, p.78-79.)

22. Secrétaire d'État de la F.O.M., L.P. Aujoulat relèvera le caractère hyper sélectif de l'enseignement utilitaire en A.O.F., pour regretter son insuffisance pratique : *« Il est clair,* dit-il, *qu'un chiffre de 150 000 enfants scolarisés pour toute l'A.O.F. (3 millions d'enfants scolarisables) représente à peine de quoi couvrir les besoins stricts de l'administration, de l'industrie et du commerce. Maintenu à ce stade, l'enseignement primaire ne représente rien d'autre, qu'un organisme de très large sélection. »* (« L'orientation de notre politique scolaire face à l'évolution des pays d'Outre-Mer » in *Enseignement Outre-Mer,* no.4, déc. 1952, p.15-16.

23. Georges Hardy : *Histoire de la colonisation française,* Larose, Paris, 1938, p.201.

24. *Ouvr. cit., p.264-265.*

25. Bernard Charlot, ouvr. cit., p.14. *A.I.E.* est l'abréviation par Althusser d'Appareil Idéologique d'État.

26. *Cf.* Jacques Grandsimon : *Les Manuels scolaires,* Domat-Montchrétien, Paris, 1934, p.37-38.

27. *Ibid.*

28. Aujoulat distingue ainsi deux époques de la colonisation : celle où « L'Europe [...] croyait détenir le monopole de la culture et de la science [et] décidait de tout » et celle « aujourd'hui [où] on ne lui demande plus de se présenter en bienfaitrice irremplaçable, mais en assistante généreuse. » (Art. cit. p.14).

29. Davesne rapporte l'origine de ce dispositif urbanistique distingué à la coquetterie hystérique de certains gouverneurs coloniaux soucieux de distance et d'uniformité. Cette

description d'un village—que confirmerait Mongo Béti—est caractéristique : *« Le village de M. au Moyen Congo ... un moutonnement de collines éloignées les unes des autres de deux ou trois kilomètres. Au sommet de quelques-unes, un ou plusieurs bâtiments : ici la résidence de l'Administrateur, la trésorerie et le bureau des P.T.T. ; là, le dispensaire ; plus loin les logements des employés du chemin de fer ; plus loin encore l'école. La ville fut construite selon la méthode de « dispersion » chère à quelques gouverneurs. Le bâtiment scolaire est une coquette villa de style* provençal. *Comme toutes les écoles de l'A.E.F., ...* » (Ouvr. cit., « L'école, âme du village » p. 296 et suiv.). Nous soulignons la distance et la distinction française de l'école uniforme de l'A.E.F.

30. Le titre initial du texte était plus conforme à l'esprit de cette ambition. Mais le réflexe de la délicatesse institutionnelle, en gommant l'adjectif *« indigène »*, entraîne une perte sémantique : « Le colon sur la terre irriguée : le barrage de Sotuba », *(Mamadou et Bineta,* C.M., 1952, p.363 ; initialement : Le colon *indigène* sur la terre irriguée...). La dénégation textuelle compense la perte par un démenti contrariant. Heureusement !

31. Marx, cité par J.P. Faye, ouvr. cit., p.27.

32. *Cf.* ouvr. cit., p.92.

33. *Impressions de théâtre,* Première série, Boirin et Cie, Paris, 1888, p.340 et suiv., cité par R. Girardet, ouvr. cit., p.306.

34. *Une Conquête morale* ... p. 339-340.

35. *Différenciation sociale et Disparités régionales : le Développement de l'Éducation au Cameroun,* UNESCO, Institut International de Planification de l'Éducation, Paris, 1978, p.89.

36. Émile Durkheim : *l'Évolution pédagogique en France,* P.U.F., 1969, Introduction de Maurice Halbwachs, p.2.

37. *Cf.* ouvr. cit. p.9.

38. *Cf.* ouvr. cit. p.9-10.

39. *Id.* p.89.

40. Ouvr. cit., p. 350.

41. *Ibid.*

42. Discours cité, p.11.

43. *Ibid.*

44. Victor Hugo, « Discours sur l'Afrique », 18 mai 1879, in *La France colonisatrice*, Liana Levi, Paris, 1983, p. 110.

45. Grâce à cette promotion, Jacques Marseille constate qu' *»en 1952, en effet, au moment où s'amorçait le mouvement de décolonisation, la Zone franc absorbait 42,2 pour cent des exportations métropolitaines et qu'aux yeux des contemporains, il semblait donc évident que la disparition de ce marché privilégié risquait d'entraîner des troubles dramatiques [...] En 1957, Pierre Moussa* [prédisait qu']*une grande détresse dans certaines industries et par suite dans certaines régions, se produirait inévitablement.* » *Empire colonial et Capitalisme français. Histoire d'un divorce*, Albin Michel, 1984, p.35.

46. C. Coquery-Vidrovitch, H. Moniot : *l'Afrique Noire de 1800 à nos jours*, P.U.F., *« Nouvelle Clio »*, 1974, p.221-222.

47. Ouvr. cit., p.188-190.

48. *Histoire de la Colonisation française*, Larose, Paris, 1938, Coll. « Les Manuels coloniaux », p.326-327.

49. Ouvr. cit., p.265.

50. Il y a ici, comme il y a eu en d'autres cas, une manière de délectation—sadomasochiste—du sémiologue de l'idéologie, à se restituer dans le bain d'images conçues par d'autres pour servir de miroir à ses propres projections. Cette revue de citations se contemple dans le dernier chapitre d'*Une Conquête morale*... p.336-348 notamment.

Chapitre 5
Enseigner et détruire : le livre de psychagogie

Axiomatique

Lorsque le germe de la désintégration est inoculé, comme le ver dans le fruit, les propos lénifiants de la consolation ne suffisent plus à endiguer un mal inéluctable, de même que le moribond ne recouvre pas la vie à force de s'entendre chanter ses louanges. Il n'aura servi de rien, dans un contexte antithétique, de substituer un qualificatif neutre à un adjectif à *sémantèse* négative : car le terme neutralisé n'ôte pas sa valeur polémique à celui des substantifs qui reste marqué positivement. Qu'importe que Boubacar cesse d'être *« tiraillleur »* et qu'il soit débarrassé des *« deux médailles qu'il a gagnées là-bas, très loin, au pays des blancs »*, si la fierté qu'il inspire encore, à travers Mamadou et Bineta, à toute sa famille restée au village, procède néanmoins de ce qu'il est devenu *« postier »* et qu'*« il habite la ville »*, dont nul n'ignore la fonction acculturante et le régime blanc, lesquelles propriétés fondent précisément la distinction moderne. De même cela ne change pas foncièrement que les cultivateurs ne soient plus qualifiés d'*indigènes*, s'ils *« ne savent* [toujours] *pas tous fabriquer une bonne huile »*, savoir-faire que seule l'École confère *obligeamment*. Au reste les lapsus remarquables, qu'on a observés ici et là dans les reprises syntagmatiques, laissent bien entendre le peu de crédit que le discours scolaire accorde à cet Africain dont la qualification inédite demande à être considérée comme pure métaphore.

Réussite scolaire, faillite sociale : généalogie mentale de la crise de l'Afrique Noire

Une distinction sans considération

Aussi l'injonction au progrès qui lui est faite par ce discours à substrat invariant restera lettre morte parce que le langage tenu par l'École aura, jusqu'au bout refusé de prendre en considération et de réinterpréter positivement les valeurs réelles d'une société qu'il vise, ce faisant, moins à instruire— comme il le donne à croire—qu'à aliéner moralement et par le travail. La violence exercée sur l'imaginaire de l'enfant acquiert, dans l'histoire de l'Afrique noire française, un redoublement potentiel à la faveur d'un paradoxe inattendu : alors que l'École, faute de préparer à des postes d'emploi épuisés, cesse en conséquence d'être un instrument économique, néanmoins, par la force des choses, elle est convertie en enjeu symbolique de premier ordre, parce que le savoir du Blanc figure désormais, pour le Noir d'Afrique française, l'emblème du pouvoir blanc, hors duquel il n'y a pas de pouvoir tout court. Ainsi l'École s'impose comme stage inévitable au moment même où son inutilité sociale s'avère patente en terre soudanienne !

On amorce ici l'itinéraire qui va conduire l'Afrique vers une dépendance de plus en plus accrue, par son besoin toujours croissant de l'Occident. Ce dernier s'en servira dès lors, comme alibi idéal, pour accentuer son contrôle sur cette zone utile à ses intérêts. L'agent efficace par lequel est assurée la médiation de cette sujétion complète, c'est, bien entendu, l'enfant qui, par l'École, est déconnecté de l'origine et de la source. Dorénavant est dévolue à l'École une tâche jusque-là exercée par l'État éducateur : émancipée par celui-ci à seule fin d'exercer parfaitement sa fonction symbolique, l'École se substitue, dans l'éducation des enfants, aux familles indigènes qui auront d'autant moins leur mot à dire que se trouvent rompus les circuits culturels de l'économie domestique et villageoise, tandis que les valeurs occidentales ont contaminé toute chose. Nous sommes précisément dans le cas de figure, préconisé dès 1924 par Léon Baréty, d'une association inégale. Alors, le discours de l'École envahit des consciences rendues au préalable orphelines, à la place structurante laissée vacante par le père originel vaincu par la mitrailleuse ou appelé ailleurs par le travail d'impôt. A ce stade va se négocier une transaction d'une portée incommensurable aux simples lois de l'économie politique et de l'idéologie—lesquelles concernent les rapports aux objets interchangeables ou substituables du monde et du travail technique de l'homme. Somme toute, l'École élémentaire a, dans n'importe quelle société, chaque fois visé à faire acquérir les principes qu'elle jugeait nécessaires au bon fonctionnement de l'État, dans la mesure où, suivant Gramsci, *« tout rapport d'hégémonie est nécessairement pédagogique ».*[1] La colonisation étant une politique d'exploitation, elle n'a pu mettre en place qu'une pratique pédagogique conforme à son type d'hégémonie ; et le contraire n'eût pas été normal :

> « tout État est éthique dans la mesure où une de ses fonctions les plus importantes est d'élever la grande masse de la population à un certain niveau culturel et moral, niveau (ou type) qui correspond aux nécessités de développement des forces productives et par conséquent aux intérêts des classes dominantes. L'École comme fonction éducative positive et les tribunaux comme fonction éducative répressive et négative sont les activités de l'État les plus importantes en ce sens ».[2]

On sait, par les textes de lecture, que l'État colonial a créé des écoles, des tribunaux et même des prisons. Jusque-là il est resté conforme à sa fonction éthique universellement reconnue. Que cet État n'ait guère jugé nécessaire *« parallèlement à l'enseignement des premières notions « instrumentales » de l'instruction (lecture, écriture, calcul, géographie, histoire)* [de] *développer tout particulièrement le domaine* [... ailleurs aussi] *négligé des « droits et devoirs », c'est-à-dire les premières notions de l'État et de la Société, éléments primordiaux d'une nouvelle conception du monde...* »[3] était le cas type de la *raison* d'Etat.[4] Sans vouloir exagérer la fonction de la lecture scolaire, ni transformer le livre de lecture à l'école primaire en l'ensemble de la politique scolaire de la France en colonie africaine, il faut cependant admettre que la lecture est à base de langue et de littérature françaises. Dès l'instant qu'il s'est agi de l'apprentissage d'une culture, la lecture scolaire était un exercice de dysfonctionnement d'autant plus cruel pour l'enfant que ses contenus étaient loin de coïncider avec la vision du monde du Noir africain, à laquelle pourtant elle s'imposait, contribuant, ce faisant, non seulement à ne pas instruire l'enfant qui y était initié, mais bien pire encore, à le dénaturer et à le diminuer à ses propres yeux. Sans toujours le savoir ni sans doute le vouloir consciemment, l'École a consisté, dès l'origine, dans la mise en crise de l'enfant à travers sa personnalité en élaboration. Dans le chapitre de son excellent livre intitulé « *La Reproduction du Territoire* », Edwy Plenel rapporte les termes du discours technocratique relatif à l'enseignement dans les D.O.M.—qui reste constant du IVe au VIe Plan—où l'on peut lire : « *La masse des populations concernées est mentalement sous-développée* » : ou encore : « *Le caractère artificiel et fragile de l'économie antillaise, la natalité, le sous-emploi endémique, sont dus à la mentalité de l'Antillais, à son comportement anti-économique, à une absence de mentalité économique à la mesure de ses moyens* ».[5]

Avec tout le respect qu'on doit à la séculaire souffrance de cette frange insulaire de la race noire la plus valide, réduite à l'esclavage, déportée, privée de sa langue et de ses racines, aujourd'hui suspendue à son désir de liberté comme à une potence, la situation du peuple antillais est—*mutatis mutandis*—le symptôme qui préfigure, si l'on n'y prend garde, le destin de la souche continentale, laquelle, un jour peut-être, n'aura même pas ce privilège de voir un expert de la coopération s'indigner de sa débilité coupable, en prenant doctoralement la conséquence pour la cause : car cela semble une caractéristique de l'enseignement colonial du Noir par la France, de faire perdre à ce dernier confiance en lui-même, à cause du peu d'intérêt qui est accordé, dans les programmes, aux moyens et au potentiel dynamique de la négritude. On se rappelle l'expérience du jeune Jean Dard qui ouvre en 1817 la première école du Sénégal et, devant l'obstacle linguistique, s'initie au ouolof dont il compose un lexique et une grammaire, prônant que l'instruction des Noirs se fasse dans leur langue. Son axiome est la conséquence d'une prémisse matérielle, et il l'énonce simplement : *« Sans cela, point d'établissement durable, point de civilisation »*.[6] Personne n'a entendu ce pédagogue mutualiste qui avait compris le message de Marx : à savoir que *« l'éducateur doit être éduqué »*[7] dans *« une pédagogie de la promotion »*, selon la formule de M.A. Manacorda,[8] qui suppose et assure la réciprocité de l'échange éducatif. Nonobstant, l'établissement colonial s'est pérennisé ; mais la civilisation est encore à venir. Cela n'est pas un hasard, mais bien la suite logique d'une politique scolaire qui réifie la culture de l'autre en en faisant un folklore :

> Le seuil de socialisation, tel que le fixe la société coloniale, est le bon parler français. Soumission linguistique qui est aussi consentie : le sentiment d'infériorité culturelle, à la production duquel l'école contribue, se retourne, le plus souvent, en valorisation du français par ceux-là même [sic] que la langue dominante exclut et déprécie.[9]

Or, au cours d'un colloque sur le bilinguisme du créole et du français organisé en 1970 à la Martinique, une inspectrice départementale admettait que refuser de tenir compte du créole à l'école, *« c'est couper la spontanéité de l'enfant, et par conséquent préparer le lit de tous les blocages, de toutes les inhibitions, de tous les mutismes »*.[10] Phénomène stérilisateur dont témoigne déjà au siècle dernier, alors qu'il parcourt en 1831 les écoles de Fort Royal en Martinique, la stupeur d'un autre inspecteur de l'enseignement, Ballin, devant l'ineptie linguistique d'écoliers dont il déduit qu'ils *« sortent de ces écoles sans principes dont ils puissent s'aider pour s'instruire eux-mêmes s'ils en avaient le désir »*,[11] tant il est vrai que l'instruction ne porte ses fruits, n'est réellement productive, que lorsque, à l'école comme en société, elle est concrétisée dans la conscience de l'enseigné sous forme de pratiques et de conduites performantes face au réel.

Cette concrétisation opérationnelle implique assurément l'immersion de l'enseignement dans la tradition de la culture dont participe la personnalité en formation de celui qu'on instruit. Gramsci fonde notamment l'efficacité de l'école traditionnelle italienne, organisée par la loi Casati de 1861, non pas sur une hypothétique *« volonté expresse d'être ou non une école éducatrice »* mais en toute logique dans le fait que *« son organisation et ses programmes étaient l'expression d'un mode traditionnel de vie intellectuel et moral, d'un climat culturel répandu dans toute la société italienne par une tradition très ancienne »*.[12]

Prenant l'exemple de l'enseignement des langues et des littératures latine et grecque, l'auteur démontre que celui-ci correspondait à *« un principe éducatif »* parce que la vie et la culture nationales de l'Italie participaient d'une tradition humaniste incarnée dans Athènes et Rome. Aussi, poursuit-il,

> la technicité elle-même des études grammaticales se trouvait vivifiée par la perspective culturelle [...] Le but apparaissait désintéressé, car c'est le développement intérieur de la personnalité qui importait, et aussi la formation du caractère à travers l'absorption et l'assimilation européenne moderne. On n'apprenait pas le latin et le grec pour les parler, pour devenir serveurs, interprètes ou correspondants commerciaux. On les apprenait pour connaître directement la

civilisation des deux peuples, présupposée nécessaire à la civilisation moderne, c'est-à-dire pour être soi-même et pour acquérir la conscience et la connaissance de soi.[13]

Dès lors, le latin qu'on étudie dans les collèges italiens régis par la loi Casati est, certes, une littérature ancienne, mais qui se ranime dans l'esprit des élèves par les mythes qu'elle évoque et réactualise dans le même mouvement. La langue morte, disséquée comme un cadavre sur une table de laboratoire, se renouvelle néanmoins, à travers les exemples de formes grammaticales et de narrations, dans l'imagination de la jeunesse comme dans celle de l'adulte qui l'enseigne. De là, la double valeur psychopédagogique et méthodologique de la pratique du latin, à la fois comme une certaine façon d'étudier (par l'analyse historique, l'exercice du raisonnement, l'abstraction schématique) et de concrétiser l'objet de l'instruction par son application à la vie quotidienne et la comparaison des principes de la théorie reçue avec la pratique effective de sa langue et de sa culture nationales :

> On découvre ainsi que la grammaire et le vocabulaire de Phèdre ne sont pas ceux de Cicéron, ni ceux de Plaute, Lactance ou Tertullien, que le même complexe de sons n'a pas la même signification selon l'époque et selon les écrivains. On compare le latin et l'italien ; mais tout mot est un concept, une image, qui prend des nuances différentes selon les époques, les personnes, dans chacune des deux langues comparées. On étudie l'histoire littéraire des livres écrits dans cette langue, l'histoire politique, les hauts faits des hommes qui ont parlé cette langue. L'éducation du jeune homme a été déterminée par tout cet ensemble

> organique, du fait qu'il a parcouru, ne serait-ce que matériellement, tout cet itinéraire, il a acquis une intuition historique du monde et de la vie, qui devient une seconde nature, presque une spontanéité, car elle n'a pas été inculquée de façon pédantesque par une « volonté » éducatrice extrinsèque. Ce type d'éducation [...] éduquait parce qu'il instruisait.[14]

Certes, l'analyse porte sur le programme du secondaire et non sur celui du primaire. Mais ces fragments successifs du texte gramscien comportent une substance abstraite qui en autorise la généralisation à n'importe quel niveau de n'importe quel système d'enseignement. Nous en retiendrons, pour notre part, que n'est pas en cause l'apprentissage de sa propre langue. Il en va de même pour la culture, qui doit en outre avoir des résonances avec celle propre à l'enfant qu'on enseigne, afin que, par des modalisations progressives et une réversibilité constante, celui-ci se trouve et se perde afin de se mieux retrouver non en terre étrangère, mais dans un domaine familier, peuplé de ses mythes et de ses objets connus ou connaissables. Son confort intellectuel et moral se révèle ainsi la condition indispensable à la *réception* d'un savoir susceptible de rendre l'enfant meilleur et plus sage, par la capacité qu'il aura acquise non seulement de savoir ce qu'il sait, mais encore, par la connaissance de soi et de l'univers qui l'environne, d'agir sur celui-ci et de tâcher de s'en rendre maître et possesseur en se contentant d'obéir à ses lois. Cela, parce qu'il est caractéristique de l'humanité de ne se poser que les questions qu'elle peut résoudre. Seulement la double question décisive est de savoir, d'une part, si l'école coloniale, dans sa réalisation en livre de lecture, considère l'humanité—toute problématique—du Noir comme une fin et non comme un moyen : d'autre part, si, au regard de l'absence flagrante *d'intuition de la culture*[15] traditionnelle qu'elle hérite de la Convention, « *la 'volonté' éducatrice extrinsèque* » de la France colonisatrice ne va pas, suivant un contresens historique constant, rechercher paradoxalement élévation du sujet indigène par le bouleversement des règles et repères convenus qui régissaient et fondaient la sécurité matérielle et psychologique de ce dernier.

Divorce entre l'enseignement et la culture, facteur de démoralisation

Au cours de son analyse de l'institution scolaire à travers son évolution historique, Gramsci, en dénonçant les théories erronées qui rapportent la crise de l'École à la rupture entre l'instruction et l'éducation, au caractère mécanique et à l'aridité des programmes ou à un dogmatisme oligarchique devenu insoutenable, montre au contraire que la raison pour laquelle l'École—quelle qu'elle soit—entre en crise, réside principalement dans l'inadéquation entre les contenus de son enseignement et la tradition culturelle dominante reconnue et modalisée par l'ensemble de la société. L'École fonctionne—bien ou mal—efficacement tant qu'elle réussit la socialisation de l'enfant, en perpétuant les rythmes de formation et de promotion de chaque groupe social, et surtout en considérant la personnalité de l'enseigné non pas comme un *schéma programmatique,* mais comme une parcelle de l'humanité qui vit, respire, désire, travaille, souffre, rêve, se bat et perd ou gagne dans la formation sociale, qui ne renonce cependant pas à recommencer l'aventure dont la langue et la culture consignent les expériences successives, à travers une sagesse qui se renouvelle sans cesse, assurant ainsi la permanence d'une tradition irremplaçable :

> Dire que l'instruction n'est pas aussi éducation ne correspond pas tout à fait à la vérité. Avoir trop insisté sur cette distinction a été une grave erreur idéaliste et on en voit déjà les effets dans l'école réorganisée par cette pédagogie. Pour que

l'instruction ne soit pas aussi éducation, il faudrait que l'enseigné soit purement passif, un « récipient mécanique » de notions abstraites, ce qui est absurde et, du reste, « abstraitement » nié par ceux-là même qui défendent la pure éducativité contre la simple instruction mécaniste. Ce qui est « certain » devient « vrai » dans la conscience de l'enfant n'est pas quelque chose d'« individuel » (et encore moins d'individualisé) ; elle est le reflet de la fraction de la société civile à laquelle l'enfant appartient, des rapports sociaux qui se nouent dans la famille, le voisinage, le village, etc. La conscience individuelle de l'immense majorité des enfants reflète des rapports sociaux et culturels divers, en opposition avec ceux qui sont représentés dans les programmes scolaires : le « certain » d'une culture avancée devient « vrai » dans le cadre d'une culture fossilisée et anachronique ; il n'y a pas unité de l'école et de la vie et donc de l'instruction et de l'éducation [...]
Dans l'école actuelle, de par la crise profonde de la tradition culturelle, la conception de la vie et de l'homme, on constate un processus de dégénérescence.[16]

On a le sentiment que l'analyse de Gramsci porte sur l'école coloniale de la France en Afrique au XXe siècle. Mais, en fait, il s'agit encore d'un examen de la situation scolaire en Italie au siècle dernier. C'est que les mêmes causes, quelles que soient les circonstances, produisent les mêmes effets à l'école et sur l'enfant : le divorce entre l'enseignement et la culture ambiante se répercute en inadaptation et en démoralisation. De même que le *« criticisme-historique »* aurait consisté, selon Gramsci, *« à laisser décrire implicitement toute l'histoire de la philosophie comme une succession de folies et de délires »*[17] dans la nouvelle pédagogie instaurée par la réforme Gentile en Italie à partir de 1922, de même Edwy Plenel rapporte qu'en *« 1908, le congrès des colons d'Algérie, considérant que l'instruction des Indigènes fait courir à l'Algérie un véritable péril, tant au point de vue économique qu'au point de vue du peuple français, émet le voeu que l'instruction primaire des Indigènes soit supprimée »*.[18]

L'ennuyeux c'est que, comme disciplines indispensables à la formation de l'esprit rationnel, la philosophie et l'histoire sont aussi loin de figurer une aberration délirante que l'École en soi ne saurait constituer une menace pour la société qui la veut et la met en place ; voilà pourquoi l'entreprise d'exploitation coloniale peut s'en couvrir comme d'un alibi incontestable de civilisation. Elle devient, en conséquence, une nécessité incontournable à la fois pour le colonisateur et le colonisé qu'elle unit dans le même désarroi. Aussi, pas plus que l'histoire de la philosophie en Italie en 1922, l'École ne sera-t-elle pas supprimée en Algérie en 1908, malgré le voeu unanime des colons assemblés ; elle sera, au contraire, implantée et—relativement— déployée en Algérie et dans les colonies africaines, pour multiplier la démoralisation de la population enfantine notamment. Nul n'a oublié la ritournelle traditionnelle des professionnels de l'Afrique sur l'immoralité et l'ingratitude congénitale des Noirs. Le Noir n'est évidemment pas plus immoral que le Blanc ou le Rouge ou le Jaune. Simplement il a perdu son raccord à sa morale légendaire au contact d'une culture étrangère qui s'est imposée à lui, à travers ses enfants, comme l'éminence culturelle et *la* Morale : l'enfant noir n'est pas immoral, il a été foncièrement démoralisé par son initiation imparfaite à l'école nouvelle.

Particularités de la tradition herméneutique indigène
Roland Colin a consacré à ce sujet une thèse monumentale au titre significatif : *« Systèmes d'éducation et mutations sociales. Continuité et discontinuité dans les dynamiques socio-éducatives : Le cas du Sénégal »*.[19] Il reprend, dans un article de la revue

Recherche, Pédagogie et Culture,[20] l'essentiel de la conclusion de son ouvrage « *dont la portée*, nous signale la notice de présentation, *semble pouvoir s'étendre aux autres États africains pris dans la trame d'une même histoire* ».[21] On prendra avec d'autant plus de grâce à notre compte les observations de R. Collin sur le cas du Sénégal qu'il s'agit, comme au Cameroun, d'une société à sédimentation culturelle polynucléaire. Ici coexistent harmonieusement une culture animiste et une culture musulmane—qui n'est en fait que la résultante d'une colonisation des animistes par l'Islam d'origine arabe. On se doute que l'intégration n'a pu se réaliser sans heurt et que la société sénégambienne constituée des peuples sérère, ouolof et toucouleur n'est pas exempte de tensions ni de contradictions internes. De celles-ci procède justement la dynamique normale d'un système qui reste relativement stable, malgré les chocs de l'histoire précoloniale :

> Les caractéristiques et les fonctions du noyau éducationnel peuvent être établies comme une logique profonde de l'ensemble social, non pas immuable, tout au contraire confortant le plan de la continuité dans la dynamique sociale, tout en se nourrissant des événements, des influences venues des systèmes proches, en maintenant, à travers la différenciation des poussées et des affrontements politiques, une sorte de métalangage établi entre des hommes et des groupes sociaux qui plongent leurs racines dans le même sol profond.
>
> L'éducation rétablit la continuité à travers les discontinuités que les affrontements sociaux provoquent dans le courant de cette histoire précoloniale, dans la dialectique incessante du sens et du pouvoir.[22]

La cohérence de ce métalangage atteste l'existence et la persistance à travers l'histoire d'une herméneutique qui interprète le monde et autorise l'individu à se restituer dans la communauté dont il fait partie. Alors qu'en Occident, les concepts relatifs à l'éducation et à l'instruction voilent d'une aura mystificatrice les objectifs et les critères auxquels réfèrent les pratiques de la sélection et du contrôle sociaux, ici au contraire les buts et les méthodes de l'enseignement sont avoués et assumés au grand jour, dans la définition même du concept de *yar* qui veut dire en ouolof :

> Éduquer, élever, faire l'éducation, corriger, apprivoiser, civiliser radoucir les moeurs, donner la verge. Verge, férule, cravache, éducation qu'on donne.[23]

Colin qui cite cet article du dictionnaire de Mgr Kobès, lequel fut vicaire apostolique de la Sénégambie entre 1847 et 1872, souligne particulièrement cette différence de conception sémantique entre la socio-culture occidentale où « *l'éducation apparaît, spontanément, comme prise dans le jeu d'un système de valeurs, idéologisée, image et mesure de la conformité à la représentation normative de la société* »,[24] allant de soi sous la forteresse du non-dit, et la formulation du ouolof :

> Nous sommes là dans un champ sémantique où la signification prend corps, non pas par l'occultation du non-dit, mais par le mouvement dialectique entre le symbole et l'objet concret : la mise en forme par la force du fouet. La violence est clairement exprimée, violence symbolique et violence pratiquée. L'éducation est une « épreuve de force », dans un système social qui assume et valorise le jeu de forces pour l'ordonner à ses fins.[25]

L'assomption glorieuse de ses diverses formes de violence—que la civilisation trouvera parfaitement barbare—dont on lit la confirmation dans les récits de Camara Laye sur la circoncision[26] et de Cheikh Hamidou Kane sur l'école coranique de Maître Thierno,[27] cette reconnaissance officielle du recours à la violence (nullement absente, du reste, de l'histoire scolaire métropolitaine ou coloniale) n'est rendue possible que grâce à deux raisons essentielles : d'une part, l'accord politique sur ce mode de socialisation de l'enfant est global ; mais surtout, à la différence de l'école publique qui, en France, spécialise un lieu et des professionnels auxquels est dévolue la formation de l'enfance, l'institution devant, à la longue, se légitimer par l'idéologie pédagogique, en Afrique noire précoloniale, il n'existe pas de maison d'école et la race des instituteurs est inconnue des jeunes qui seront tous, à leur majorité, des éducateurs sociaux :

> Les rapports sociaux sont fondés sur la domestication de la violence, la violence brute devenant force sociale s'articulant à d'autres forces sociales.
> Mais la violence subie sera rendue et la règle du jeu n'est pas dissimulée [...] Avant, pendant, après l'initiation, l'éducation met en jeu le système socioculturel, toutes ses instances idéologiques, politiques, économiques. L'éducation est coextensive à la société, coextensive à la culture. En ce sens, les fonctions d'éducateur n'entrent pas et ne peuvent pas entrer dans la division du travail socioprofessionnel. Ce ne peut pas être un métier spécifique, comme celui du forgeron (même si le forgeron-circonciseur y joue un rôle spécifique). Tout le monde est éducateur, tout le monde est éduqué, mais à travers un scénario global bien ordonné.

Cela révèle la complexité d'un processus à la fois égalitaire et inégalitaire, dont les catégories de l'analyse occidentale ne peuvent aisément rendre compte sans risque de le segmenter, et donc de le dénaturer.[28]

Caractéristiques de la tradition et de l'horizon herméneutiques en Europe

De la rencontre de l'Occident avec l'Afrique noire va résulter précisément la segmentation ou la dénaturation des procès éducatifs de cette dernière, aussi bien en raison de l'incompatibilité formelle des deux systèmes logiques que de l'inégalité objective des rapports de force en présence. Ainsi, le Soudan gît, agonisant, sur sa propre terre où *le singe se fait ronger la queue par les termites*.[29] Entre temps l'Occident connaît une formidable aventure qui en fait sans conteste aujourd'hui, au plan matériel du pouvoir, du travail et de l'argent, le foyer de la puissance universelle. Cela peut s'expliquer parce que, très tôt, l'homme ici a cherché à comprendre l'univers et les lois qui président à son fonctionnement, afin de se rendre maître et possesseur de la nature. Suivant une dialectique constante entre les pensées de l'être et celles de l'avoir, il a progressivement dégagé, de façon relativement homogène, un art de comprendre l'histoire et d'y retrouver sa place. Cette herméneutique s'est élaborée, dans ses lignes de force, autour d'un nombre de principes élémentaires dont l'aptitude à l'étonnement, la distance par rapport à l'objet de connaissance, la méthode de comparaison et de classification par similarité ou dissemblance... etc. L'objectivité qui découlait d'une telle démarche procède cependant d'un bricolage en assez étroite liaison avec l'immersion de l'être dans l'histoire. D'où l'engendrement de disciplines spécialisées qui constituent les présupposés génériques ou induits de l'épistémologie, laquelle se trouve à la base logique de la science et de la morale occidentales, aujourd'hui réputées universelles. La prétention hégémonique va justifier l'exploration qui suit, laquelle vise moins à l'exhaustivité qu'à une appréhension générique des pôles de divergence—sinon d'incompatibilité—caractéristiques des visions du monde confrontées en situation coloniale.

Entre ces disciplines la linguistique se distingue comme la matrice et le creuset où s'énonce et se dépose l'essentiel de l'expérience humaine. La langue, on le sait, est le trésor et le patrimoine auxquels l'homme confie ses réussites et ses déboires, ses aspirations et ses tâtonnements, son passé et sa marche vers l'avenir. Aussi en vient-elle à représenter la structure fondatrice non seulement de la pensée, mais aussi de la personnalité humaine, et va-t-elle pouvoir servir de modèle à d'autres disciplines. Mais avant l'élaboration moderne de la linguistique comme science autonome par F. de Saussure, qui dégage la notion d'arbitraire et par R. Jakobson, qui pense celle de la motivation du signifiant par rapport au signifié du signe, lequel éclate en une double articulation, *« les stoïciens disent, selon Sextus Empiricus, que le signe est une proposition, ou un énoncé complet. Dans l'ensemble trois choses sont liées : ce qui est signifié, ce qui signifie et l'objet ; si la parole et l'objet sont des corps, le signifié, lui, est incorporel »*[30] :

		Ré		
		IN-		
	CORPO-		COR-	
Sa	RELS		PORELS	Sé

La vision linguistique des Stoïciens serait, selon Kremer-Marietti, prémonitoire puisqu'elle se verra confirmée par Freud—qui est son horizon d'attente à elle—à propos du commentaire du rêve. La collision de deux corps et d'un incorporel, quoique étonnante dans la problématique de la vérité que s'efforce de résoudre la logique stoïcienne, équivaut cependant, dans le champ freudien, au télescopage de la parole de l'enfant entendue en rêve par le père endormi : « *Ne vois-tu pas, père, que je brûle ?* », où il y a relation au réel concret et « validité hors de sa sphère figurative » : le rêve étant « *incorporel pour le sens mais corporel pour l'image et la parole remuée, entendue, désespérante* ».[31] On se doute qu'il s'agit du problème de la déformation du rêve qu'on restituera dans son contexte psychanalytique, non sans avoir au préalable effectué une remontée à la discipline initiatique sur et contre laquelle se construit la logique occidentale : la rhétorique.

Au commencement donc était le Verbe, puis le Verbe s'est fait homme en Christ, le fondement, dans le système judéo-chrétien, de la croyance monothéiste qui succède aux religions polythéistes du monde gréco-romain. On sait qu'en Grèce précisément « *Platon se méfie autant de l'énonciation de la vérité que de son inscription par l'écriture. Mais, tandis que le* Gorgias *rejette la rhétorique, le* Phèdre *admet une rhétorique bonne, celle qui se plie aux règles de la dialectique* ».[32] Dans la première, l'autre est déprécié en tant que partenaire d'échange de la parole, alors que dans la seconde deux sujets s'affrontent à égalité, et se mettent d'accord pour admettre la vérité qui s'imposera au sortir de la dispute. Sur son parcours, la logique croise le double champ du *mythe* où il y a effacement ou neutralité du sujet, et du *politique* qui voit le maître abuser de son vis-à-vis ; par rapport à ces deux sphères, « *Platon institue le sujet symbolique du* logos *qui parle en fonction de deux opposants* » à l'encontre de « *l'opinion [...] orientée par la ruse du rhéteur* ».[33] Ainsi la méfiance de Platon envers la rhétorique s'explique par le primat qu'il accorde, dans *La République*, à la vérité sur le mensonge :

> Toutefois, mentir et dire la vérité ne sont pas nécessairement contraires, selon Hippias mineur (367c).[34]

La force de la vérité, qui fonde en valeur la rhétorique dialectique, découle de ce qu'elle « *s'astreint à* dire ce qui est »,[35] plutôt que de « *s'insinuer par le biais de l'exagération et de la caricature* ».³⁶ Aussi se coule-t-elle sur l'Être par une vertu iconoclaste qui autorisera Habermas à en faire la base d'une deuxième discipline de l'herméneutique, en tant que mode de connaissance de l'Occident : la sociologie :

> C'est en forçant à distinguer le fait, le vrai, du vraisemblable qu'elle apprend à engendrer que la rhétorique (en tant que théorie) s'est opposée à l'ensorcellement de la conscience par la puissance du discours.³⁷

Selon H.G. Gadamer, l'Occidental découvre, à cause de sa finitude et du conditionnement historique de l'homme, que celui-ci doit dénoncer le dogmatisme que recouvre la distinction de la tradition vivante qui serait *« naturelle »*, avec son appropriation par la réflexion : *« La compréhension même*, écrit-il, *est un advenir ».*³⁸ De là, une contestation de la tradition d'idéalisme du langage qui, de Platon à Hegel, *« n'irait pas au-delà de la pure « tradition culturelle », de son appropriation et de son développement herméneutique »,*³⁹ faisant ainsi un *« triste aveu d'impuissance en face de la totalité réelle que serait le contexte de vie de la société tissé non seulement par le langage, mais par le travail et le pouvoir ».*⁴⁰ Avec l'avènement de la révolution industrielle semble ainsi coïncider la rupture de l'Occident avec *« la naïveté méthodologique »* qui caractérisait l'*« l'objectivité d'eunuque »*⁴¹ de sa réflexion herméneutique, laquelle *« devrait se convertir en critique de l'idéologie »,*⁴² pour faire face valablement aux problèmes du XXe siècle. A ce moment se mettent en place, en Allemagne notamment, les mécanismes qui vont assurer la transition entre ce qu'on pourrait désigner comme la religion de la tradition objective héritée de l'idéalisme platonicien, et l'émancipation de la réflexion subjective, qui fonde la validité de son immersion dans l'histoire globale de l'homme :

> L'herméneutique s'efforce de rétablir dans la réflexion réciproque de la communication un accord intersubjectif interrompu et en particulier

de replacer sur ses fondements herméneutiques une connaissance qui s'est mise à distance en cédant à un objectivisme faux ; de même est à l'oeuvre dans la réflexion propre aux sciences sociales un intérêt émancipateur qui entreprend de dissoudre en les rendant conscientes les contraintes extérieures et intérieures. Dans la mesure où celles-ci cherchent leur légitimation par l'interprétation dans le langage, la critique de l'idéologie, bien qu'elle soit elle-même action de la réflexion qui s'interprète dans le langage, devient dévoilement de « l'illusion engendrée par le langage ».[43]

On constate donc que la rupture émancipatrice de la critique idéologique nouvelle avec le dogmatisme idéaliste traditionnel vise, néanmoins, à renouer avec la réversibilité de la vérité et du mensonge, pressentie dans *l'Hippias mineur* par le philosophe grec qui se trouve ici formellement contesté. C'est que l'idéologie, si elle est une fausse conscience pour le sujet, garde cependant le sens vrai que lui confère le pouvoir dont l'intérêt ne s'identifie pas nécessairement avec celui de l'Autre, disqualifié, cette fois, comme partenaire, non plus d'un échange linguistique théorique mais, en tant que partenaire linguistique reconnu, comme celui, inégal, de l'échange économique dans la division sociale du travail et de la richesse. A travers la *« doctrine des intentionnalités anonymes »*[44] et la démonstration de *« la mutilation ontologique présente dans les notions de sujet et d'objet proposées par l'idéalisme »*,[45] l'idéologie acquiert, comme critique, les moyens de rendre manifeste l'hypothèque que la fausse objectivation faisait peser sur le concept de réflexion en Occident. Grâce à ces outils, la critique idéologique, aux prises avec la dimension extrinsèque de l'expérience et de l'activité humaines, permet de *« distinguer la réflexion « effective » qui se produit dans le déploiement du langage, de la réflexion expresse et thématique qui a pris forme dans l'histoire du langage en Occident et qui, objectivant tout, a produit avec la science, les présupposés de la civilisation planétaire de demain ».* [46]

De la sorte, l'herméneutique se réinscrit[47] dans la mouvance de la distinction, établie jadis par Platon, entre la *bonne rhétorique* du philosophe, amant de la vérité, laquelle se manifeste à l'issue d'un dialogue égalitaire, et la *mauvaise rhétorique* du rhéteur, dont l'autorité et la ruse s'imposent comme preuve au sujet qu'il déprécie par sa négligence et son mépris.

Ajournement d'une réponse et choc d'une rencontre
Mais au-delà de la sécurité que lui procure le sentiment d'être de plain-pied dans son domaine familier, le monde occidental, enraciné, s'assure surtout, avant de se lancer dans la conquête de cet espace qu'il dit vital, que l'autorité réelle à laquelle il obéit, ne repose pas que sur une *« violence dogmatique dans d'innombrables formes où s'exerce le pouvoir, depuis l'éducation jusqu'à la hiérarchie de puissance des pouvoirs politiques dispensateurs de salut, en passant par l'organisation du commandement dans l'armée et l'administration ».*[48] Il se convainc au préalable que cette autorité légale acquiert la raison de sa reconnaissance légitime à travers le *contrat social* :

> Or une reconnaissance dogmatique peut-elle être autre chose que l'attribution à l'autorité d'une supériorité en connaissance et par conséquent la croyance qu'elle a raison. C'est là-dessus seulement qu'elle « repose ». Ainsi elle règne parce qu'elle est « librement » reconnue. L'obéissance qui l'écoute n'est pas aveugle.[49]

Ainsi il est quasiment établi, en ce qui concerne le courant dominant de la pensée allemande notamment, qu'à l'époque des traités[50] qui façonnent la géographie politique et stratégique internationale, le socle herméneutique de l'Occident est suffisamment stabilisé pour l'autoriser à courir, sans appréhension excessive ni risque de grands dommages, l'aventure de l'expansion coloniale. A une exception près ; mais elle est de taille : la question de savoir si les sciences sociales ont acquis, en raison, la clef de l'énigme qui détermine *la décision finale*, et dont Gadamer propose, imprudemment (pour les conséquences inattendues qui en ont résulté, pour l'Europe même, en ce siècle),[51] d'ajourner la réponse, dans le temps même où il marque son accord global avec la pensée d'Habermas :

> Quand Habermas dit (176) que « l'autorité peut être dépouillée de ce qui en elle était pur pouvoir (c'est-à-dire, pour moi, de ce qui n'était pas autorité) et se résoudre dans la contrainte non violente du discernement et de la décision rationnelle », je ne sais plus ce qui nous sépare. A la rigueur, la question de savoir si, oui ou non, les sciences sociales peuvent fournir (en raison de quels progrès !) la « décision rationnelle »— Remettons-en l'étude à plus tard.[52]

La résolution du *pur pouvoir « dans la contrainte non-violente du discernement et de la décision rationnelle »*, mais surtout l'ajournement de la réponse à la question centrale des critères qui motivent *la décision rationnelle*, c'est-à-dire, en somme, les dogmes institutionnels de l'Occident et l'inachèvement de ses catégories d'analyse et d'action auront des conséquences incalculables sur sa relation avec la différence de l'autre, dont R. Colin rend compte, avec beaucoup d'honnêteté, de l'organisation sociale et politique, dans ces paragraphes qu'on s'excuse de devoir citer entièrement, ne serait-ce qu'aux fins de dissiper des malentendus constants :

> D'une part, en effet, la société se présente comme un système d'inégalité, particulièrement sous l'angle de la répartition du pouvoir, ou des

> pouvoirs. La puissance s'accroît au long du chemin des générations. De plus, au-delà du modèle théorique idéal d'une société lignagère politique indifférenciée, le clivage entre les ordres et les castes introduit un second type de distribution inégale du pouvoir. Enfin, la division des sexes vient fortement moduler l'exercice des différents pouvoirs par son irréductible coupure. Mais la vision cosmologique totalisante interdit que se créent des espaces de pouvoir séparés, non soumis à la régulation globale, excluant ainsi les mécanismes de pouvoir cumulatif, tout comme l'accumulation privative des biens (donc le capitalisme). [...]
> Inégalités solidaires, pourrait-on dire, appelant, en contrepartie, une égalité différenciée. L'égalité, qui introduit la cohésion et la cohérence du système se trouve au niveau du sens. En d'autres termes, les différents groupes et sous-groupes en situation de pouvoir inégalitaire qui composent l'ensemble social ne peuvent tenir ensemble qu'en accédant de façon égalitaire au noyau culturel qui donne le sens. L'éducation, comme apprentissage et conquête du sens, éclairera la place de chacun (en lui donnant les savoirs et savoir-faire différenciés qui correspondent à sa place), explicitera l'utilité sociale des écarts et permettra le recours à des contre-pouvoirs si le jeu social est faussé ; la communauté de langage fondera la capacité d'analyse critique nécessaire à la régulation.[53]

Ce type d'éducation, au même titre que l'herméneutique culturelle qui en faisait l'armature, ne constituait sans doute pas l'idéal et restait perfectible dans le temps. L'un et l'autre avaient néanmoins le mérite d'exister, et la vertu d'être opératoires : *ça marchait*, pour reprendre une expression pragmatique anglo-saxonne, et aucune raison décisive n'expliquait qu'on en change radicalement. Aucune raison, sauf une, si l'on peut dire ; car si, à l'inverse de la Grèce vaincue, qui conquit son illustre vainqueur, le continent noir n'a pas exercé sur son colonisateur blanc son pouvoir légendaire de fascination, ce n'est certes pas d'en avoir été soudain démuni ; mais d'avoir été méprisé longtemps avant même d'être stratégiquement réduit par la superbe d'une civilisation ethnocentrique et *ethnocide*, moins inspirée par la recherche du génie propre à une culture qui a produit l'Égypte des pharaons, qu'excitée par l'appétit de l'ivoire, de l'ébène et du cuivre. Peu importait dès lors qu'il y eût là des hommes, et qu'ils pensassent, puisqu'ils étaient censés n'avoir d'autre essence qu'animale, végétale ou minérale. Ceux qu'un manuel de géographie du siècle dernier classe hiérarchiquement en Boschimans, Hottentots, nègres, Bantous et Pouls « *la race africaine la plus intelligente* »,[54] avaient, des millénaires avant l'ère chrétienne sans doute, un pacte social et une éducation, non seulement pour le légitimer, mais pour en assurer la reproduction à travers l'esprit créateur d'enfants producteurs de biens et de valeurs authentiques. R. Colin l'atteste, au regard des stéréotypes des sceptiques professionnels :

> Ainsi, écrit-il fermement, l'éducation unit, scelle le pacte social, en donnant réponse à la finalité des différences. Le danger de la différence est alors conjuré, ou, plus exactement, les moyens de faire face à ce danger lui donnent droit de cité ; et l'on peut lutter ainsi contre l'entropie, car les forces génératives, à ce jeu inégalitaire, également signifiant, se stimulent au lieu de se dégrader. Cette vision des choses, corroborée par l'expérience concrète de la vie quotidienne

dans cet univers des villages, fait justice des stéréotypes qui présentent la société dite « traditionnelle » comme un monde morne et figé. La production culturelle esthétique, par la musique, la danse, la parure, la sculpture, toutes rythmées, accordées au jeu des forces vécues, atteste et exprime constamment le partage du sens.

Si l'éducation a la fonction de contribuer à produire le sens, elle doit aussi reproduire les rapports sociaux. Mais il faut se garder des confusions que peut faire naître l'interprétation de cette fonction de reproduction. Il ne s'agit pas d'enrouler l'histoire sur elle-même, donc d'en arrêter le cours et de l'abolir, mais d'enraciner. « L'idéal de l'éducation », dans un mémoire d'élève de l'École William-Ponty, se cristallise dans la formule « sois un second ton père ». Il ne faut pas l'entendre comme « sois ton père », mais « un second ton père », c'est-à-dire, dans les générations auxquelles tu accéderas, réinvestis les valeurs de ton père. Le message culturel toucouleur explicite par ailleurs l'utilité sociale de la tradition, en arguant qu'il ne s'agit pas de reproduire pour reproduire—mais de reproduire pour tirer l'utilité, le bénéfice de l'expérience. Le proverbe toucouleur dit, en ce sens :

> Même si un signe n'est pas tel que son père pour ce qui est de pouvoir grimper, que pourtant sa queue ne soit pas rongée à terre par les termites. *Hai so waandu' artaani baammum waande nabbude ne, woto laatyi mum kam moo'dy e leidi.*[55]

Conversion d'une certitude en vérite et fossilisation de l'autre culture

L'incidence catastrophique de l'oeuvre scolaire de la France en terre africaine a consisté, de façon logique et structurelle, à faire *ronger la queue du singe à terre par les termites*, en prévenant l'enfant de devenir justement *un second son père*. Comme naguère dans l'Italie examinée par Gramsci, la tradition culturelle devenant fossile, la *certitude* de la classe dominante se trouve convertie en *vérité* dans l'esprit de l'enfant, que l'idéologie interpelle en sujet à l'école, laquelle entre en crise et, de ce fait, dégénère et dégrade l'élève, de même la fossilisation de sa culture originelle rompt l'esprit de l'enfant scolaire africain de son régime naturel, sans cependant l'ancrer effectivement dans la culture de la religion nouvelle qu'on lui représente ici dans le mirage du progrès. La notice introductive de l'article de R. Colin décrit la situation dans un raccourci éloquent :

> D'abord construites selon leur logique propre, les éducations africaines précoloniales ont rempli leur vocation de constituer la solidarité interne des sociétés africaines. La colonisation est venue dissocier ces constructions harmoniques en y plantant le coin d'une culture étrangère. L'éducation coloniale sépare.[56]

L'herméneutique occidentale peut se résumer dans ce que le chef des Diallobé appelle *« toutes les façons de lier le bois au bois que nous ne savons pas »*,[57] et que la Grande Royale condense encore dans la formule dynamique de *« l'art de vaincre sans avoir raison »*,[58] qu'il faut aller apprendre chez ceux qui sont venus et ont défait l'aïeul et l'élite des Diallobé.

Dans un autre contexte, Kane, évoquant les raisons de la néophobie de ses compatriotes, l'explique par l'obligation qui leur était faite de

> renoncer à leur caractère, [...] à leur personnalité et donc à leur dignité d'homme. On les conviait à devenir esclaves de modèles étrangers qu'ils ne maîtrisaient pas [..;] l'économie marchande, dès l'aube de la colonisation, poursuit-il, introduisait, par sa rationalité traumatisante, dans l'inintelligible au regard du vivant. Le travail n'avait plus comme objet de satisfaire les besoins du travailleur au sein d'un concert de forces s'égalisant. Le producteur et son produit étaient séparés, la production vivante et signifiante se décomposait en objets morts. Le commerce de la force de travail séparait les rapports sociaux des rapports interpersonnels et des rapports avec le monde.[59]

Ainsi l'herméneutique occidentale s'est greffée en Afrique coloniale à travers non pas la rhétorique dialectique, mais celle du rhéteur, c'est-à-dire de la force et de la ruse. Au contraire de l'Europe où elle incarnait la raison, ici, elle a principalement figuré l'alibi au nom de quoi le monde, jusque-là connu ou connaissable, devenait inintelligible et non maîtrisable par des agents économiques qui ne s'identifiaient plus à leur production transformée en marchandises extérieures, comme morte pour eux-mêmes. Dans un chapitre de son livre qu'il intitule *« Jos : machinisme et paganisme »*, Jacques Weulersse rapporte ce propos d'un ingénieur socialiste irlandais sorti d'Oxford, au sujet de ce qu'il nomme *« l'évangile du travail, l'évangile du progrès [...] de l'hypocrisie pharisienne »* transposé en Afrique noire, et sur les conséquences de la civilisation sur l'indigène des colonies :

> L'indigène ne comprend ni notre justice, ni notre charité, ni notre bonté. Nous sommes trop loin de lui, vivant sur un autre plan ; nos actes lui paraissent dictés par des lois qu'il ne cherche même point à connaître : chaque jour je pèse la récolte d'étain de chaque ouvrier, pour

> proportionner la paye à la production. Croyez-vous que le Noir y voit une marque de justice ? Pas le moins du monde ; pour lui, c'est un acte incompréhensible et mystérieux, qu'il me faut accomplir pour quelque raison secrète [...] Ici, le Noir souffre, et ne comprend pas pourquoi. Il ne nous accuse même point ; c'est une malédiction venue de l'Inconnu. Il souffre, s'y résigne et se laisse doucement mourir : notre seule présence le conduit à une sorte d'inconscient suicide collectif — « subconscious race suicide ».[60]

De même que la production de son travail se trouve coupée du sens qui le fondait, de même détaché de l'éducation qui l'intronisait dans la totalité et la stratégie de son univers socioculturel, le Noir est séparé de sa raison d'être au monde. *« Dans le modèle originel, le travail n'avait pas, au premier chef, une finalité économique [...] Les biens n'étaient pas anonymes, quelle qu'en soit la nature : ils participaient à l'identité sociale ».*[61] Perdant, par son travail et par l'éducation qui y prépare, sa ligne de mire et son objet, la personnalité de l'Africain s'effondre lentement, comme celle d'Okonkwo, qui se suicide à la fin de l'oeuvre de Chinua Achebe. Auparavant Obierika a expliqué tristement les raisons du cataclysme à son ami revenant d'exil, par le fait que, malgré son ignorance de la coutume et de la langue des Africains, l'Européen est passé maître dans l'art de la ruse :

> Le Blanc est très malin. Il est venu tranquillement et paisiblement avec sa religion. Nous nous sommes amusés de sa sottise et lui avons permis de rester. Maintenant il a conquis nos frères, et notre clan ne peut plus agir comme un seul homme. Il a placé un couteau sur les choses qui nous tenaient ensemble et nous sommes tombés en morceaux.[62]

Les diverses *façons de lier le bois au bois* ont donc eu raison des choses qui soudaient le clan ; à savoir le travail, la religion, l'éducation, qui ont craqué, puis cédé sous les multiples assauts de l'idéologie, cette fausse conscience dont le pouvoir du rhéteur voile la vérité de sa décision et de son action au regard de celui qu'il interpelle en sujet. Le rhéteur, en l'occurrence, c'est l'État hégémonique ; le sujet privilégié qu'il interpelle, c'est l'enfant qu'il arrache au contrôle du père, du clan et à la protection de la mère, détruisant, de cette façon, sa personnalité suivant un processus dont on va essayer malaisément, pour finir, de bâtir le modèle à travers un ultime retour à la psychanalyse.

L'enfant scolaire, noeud de surdéterminations : Hypothèse théorique

En effet, si l'herméneutique, comme art de comprendre afin de dissoudre *« en les rendant conscientes, les contraintes sociales extérieures et intérieures »*,[63] peut légitimer, par l'intérêt émancipateur, le recours qu'on a, ici, fait à la critique de l'idéologie, comme volonté de *« dévoilement de « l'illusion engendrée par le langage »*[64] dans ses rapports au travail et au pouvoir, il semble en revanche problématique de justifier ce détour par la psychanalyse qui voudrait servir de supplément conclusif à ce long pèlerinage à travers les manuels de nos enfances. Outre la contradiction de l'Anti-Oedipe pour cause de nausée épistémique, et l'hypothèse incertaine d'un *Oedipe africain,* on sait aussi que la mouvance lacanienne, structurant l'inconscient comme un langage, naturalise[65] la discipline au pourtour d'une aire géoculturelle d'organisation judéo-chrétienne et occidentale où le Sud semble dérouté.

D'autre part, une relecture concerne davantage les *dits* et les *faits* du langage en texte scolaire, que d'indéfinis *effets* de ces structures dans l'océan des consciences particulières. Cela, d'autant qu'il y aurait scandale épistémologique à vouloir rapporter à une psychanalyse—centrée sur l'individu—des phénomènes politiques et sociaux axés sur la collectivité. De là, le risque d'obérer, en fin de partie, l'aboutissement d'une analyse maintenue dans l'acceptabilité grâce à sa démarche fonctionnelle, par la corruption des genres et par l'insuffisance technique. Car, en définitive, ce qu'on va tenter de décrire à présent ne s'est jamais rencontré sous cette forme chez aucune personne. Il s'agit de spéculation pure, qui viserait à permettre l'explication du réel actuel de l'Afrique noire francophone, par un cas typique de ce que Freud nomme une *« fiction théorique » reconduite pour les besoins de la description.*[66]

L'effet spéculaire de ce risque assumé consisterait à compenser, par l'indécidabilité des résultats d'une démarche elle-même indécise, le défaut mécaniste de la surdétermination de l'École décrite jusque-là ; car il est évident que la réinterprétation du discours des manuels n'a pas pu, malgré la vraisemblance de l'incidence de sa diffusion relativement massive, se concrétiser pareillement pour chaque écolier noir. C'est le lieu de redéfinir notre concept—contestable—*d'enfant scolaire* comme la fiction idéale susceptible de résulter de la programmation discursive du contexte institutionnel considéré : il s'agit d'un *personnage* scolaire, comme il existe des personnages romanesques, imaginaires, mais vraisemblables et opératoires. En ce sens, *l'enfant scolaire* diffère des écoliers et des enfants scolarisés réels qui auront, selon le cas, réussi ou échoué à l'école ou dans la vie, parce que ou en dépit de ce qu'ils auront lu ou non tel texte ou tel autre de tel ou tel manuel, en fonction des contingences spatio-temporelles, de leur économie psychique propre. Il ne sera par conséquent nullement question de personnes historiques dans le scénario complexuel qu'on veut proposer, mais bien plutôt de la description théorique d'un modèle d'imaginaire mis en place par l'institution, à travers sa réalisation textuelle dans l'exercice de lecture scolaire.

Effet de retentissement des reflets brisés par la ruse du rhéteur

Partant de la typologie qu'Adler propose à son élève *« pour faire en quelque sorte un diagnostic sommaire »*[67] du genre d'échec dont est victime l'enfant difficile, ainsi que de son invitation à

> toujours se souvenir que dans chaque cas d'échec nous avons à faire à des symptômes, symptômes qui se sont développés, à partir d'un sentiment d'infériorité bien défini qu'il faudra déterminer, dans le sens d'un complexe de supériorité, sous la pression d'un facteur exogène, ayant réclamé plus de sentiment social que l'individu n'a pu en mettre en réserve depuis son enfance,[68]

on voudrait expliquer ceci : l'École a réussi, par son discours idéologique, à faire du Noir d'Afrique francophone un producteur de matières premières et un consommateur de biens industriels mais non un agent économique efficace. Le discours des manuels a pu *apprivoiser* l'enfant scolaire, mais a échoué dans sa prétention à le *civiliser*. En adoptant la terminologie adlérienne, on dirait qu'il n'a généré que des cas *« d'enfants plutôt passifs tels que les fainéants, les indolents, les obéissants mais dépendants, les timides, les anxieux, les menteurs et d'autres enfants semblables »*.[69]

L'auteur du *Sens de la Vie* souligne que de telles attitudes résultent des diverses conduites de défense que l'appareil psychique, menacé par l'extérieur hostile, met en place pour assurer sa sécurité et donner le change au milieu éducateur. Perçu comme ennemi dès lors qu'il ne rémunère pas, par l'encouragement et l'assistance, ses difficiles efforts d'adaptation à l'horizon culturel, le système éducatif pèse d'un poids décisif dans la réalisation finale de la personnalité du jeune enfant. Le sentiment d'infériorité décrit par Adler sert d'aiguillon dans la croissance de la personnalité ; mais il a besoin d'être influencé par l'entourage et par les méthodes d'éducation, pour orienter le style de vie de l'enfant qui les réinterprète positivement ou négativement, selon la forme dans laquelle il les a reçus : alors *« il crée un but, qu'il poursuit sans cesse et qui en conséquence le fait concevoir, penser, sentir et agir »*.[70]

Considérant que l'ontogenèse est le redoublement de la phylogenèse, Adler décrit, dans une perspective évolutionniste, la croissance de l'enfant comme *« une marche en avant pour passer de l'imperfection à la perfection [...] Les limites dans lesquelles ce développement se déroule sont celles de l'humanité en général ; et ces limites sont prescrites par le degré d'évolution de la société et de l'individu »*.[71] Cette importance des facteurs exogènes dans la détermination finale du programme concrétisé dans la personnalité de l'adulte issu de l'enfant confère toute sa portée à la consigne que le praticien adresse à la communauté humaine :

> Il est donc, souligne-t-il, du strict devoir de la partie progressiste de l'humanité, non seulement d'éclairer et d'éduquer, mais aussi de ne pas prématurément rendre l'épreuve trop difficile pour le non-initié en matière de sentiment social, de ne pas le considérer comme s'il pouvait réaliser ce qui ne peut l'être qu'avec un sentiment social développé et ne le sera jamais si ce dernier fait défaut. Car le non-initié ressent, lorsqu'il se heurte à un problème qui exige un fort sentiment social, un effet de choc, qui donne lieu à toutes sortes d'échecs par la formation d'un complexe d'infériorité.[72]

Contestant les *fictions freudiennes* de *« régression vers un stade infantile ou archaïque »*,[73] et de *« sentiments de culpabilité »*,[74] Adler signale des manifestations caractéristiques de ce complexe : dans la névrose par exemple, ce sont des symptômes plus ou moins marqués, comme le ralentissement du dynamisme de *« l'individu qui est toujours en retard »*, la *« prédilection pour l'arrière-plan de la vie »*;[75] dans la psychose, *« le maintien de l'ébranlement, essai de soulager le sentiment d'oppression dû à un lourd sentiment d'infériorité, et conséquence d'une lutte incessante pour sortir d'une situation inférieure, crée les échecs « typiques »*[76] qui sont autant de *« mais »* par lesquels la personnalité s'insurge—à travers le délire et la dérive—face à la menace d'anéantissement. Le suicide est la manifestation extrême de cette insurrection contre le devoir de coopérer à tout prix au progrès. Ces différentes conduites peuvent, d'après l'auteur, au-delà de l'individu, englober *« un même cercle de famille »*[77] ou un groupe humain affecté par une crise identique. Ainsi la personnalité, selon sa capacité de résistance, *se brise ou se bronze* en présence d'une situation quelle considère comme une menace excessive pour sa propre dynamique. Mais en quels termes Adler définit-il ce fameux complexe que Freud critiquera vivement, au même titre que sa psychologie individuelle ; et comment arrive-t-il à établir la distinction entre le sentiment et le complexe d'infériorité ?

> La solution, confie-t-il, s'imposa à moi comme celle des autres problèmes envisagés à la lumière de la psychologie individuelle, en cherchant à expliquer la particularité à partir de l'ensemble et l'ensemble à partir de cas particuliers. Le complexe d'infériorité, c'est-à-dire la manifestation permanente des conséquences du sentiment d'infériorité, et le maintien de ce sentiment, s'explique à partir d'un manque exagéré de sentiment social.[78]

Au-delà de ses lacunes sémantique et conceptuelle attestées, nous pouvons justifier l'intérêt que nous accordons—de façon sans doute anachronique mais non moins pertinente—à Adler, outre les considérations sur l'éducation, par le caractère opératoire de sa méthode. A l'inverse de Freud, trop fortement axé sur la sexualité et le mythe personnel, Adler s'attache à bien marquer l'assimilation de l'individu dans l'histoire de sa famille et de sa communauté, à faire ressortir les interférences et le retentissement du génome et des conditions matérielles sur la programmation de la personnalité concrète issue de ce moule. Ce point de vue pragmatique est ce qui autorise l'homme de l'art à adopter parfois un ton moralisateur qui, pour n'être pas tout à fait scientifique, n'en conserve pas moins la justesse d'une expérience qui eût gagné à être connue, par exemple, des artisans de l'enseignement colonial. Il en va ainsi de ce précepte qui nous eût évité bien des mécomptes et des souffrances :

> Nous ne devons pas nous étonner, déclare-t-il, en conséquence, que la différence dans le jugement de l'acte soit en relation avec les résultats éducatifs adoptés. Le plus mauvais des principes pédagogiques est de dire à un enfant qu'il ne réussira jamais à rien et qu'il a une mauvaise nature.[79]

De même cette observation, qui vaut bien des théories spéculatives, pour son utilité opératoire :

> Les parents doivent savoir que, aussi attentifs qu'ils soient, une part d'éducation, dont ils sont ignorants, et qui émane d'autres cercles, influence l'enfant plus que ne le fait leur propre éducation consciente.
>
> Ces influences étrangères qui atteignent le petit enfant lui proviennent des événements et des conditions de vie de l'entourage. L'enfant est impressionné par les difficultés qui accablent son père, dans sa lutte pour la vie, et il réalise

> l'hostilité du monde, même s'il n'en parle pas. Il va se forger une conception avec les moyens inadéquats dont il dispose, avec ses interprétations et ses expériences enfantines. Cette vue du monde devient ensuite pour l'enfant une mesure de valeur ; il en fait la base de son jugement pour chaque situation dans laquelle il se trouve et en tire les conséquences qui en découlent.[80]

Ce sont les interprétations et les expériences lacunaires de l'enfant scolaire qu'on voudrait relier ici, à travers leurs reflets brisés par la ruse du rhéteur dont on se demande s'il n'a pas joué les apprentis sorciers. Souvenons-nous toujours que ce personnage fictif *« réalise l'hostilité du monde, même s'il n'en parle pas »*, à travers la lutte pour la vie de son père qui ne comprend plus le sens du monde ni de son travail, pas plus que la justice, la charité, la raison et la force du pouvoir qu'il n'accuse même point, mais *« souffre, s'y résigne et se laisse doucement mourir »*, en invoquant *« une malédiction venue de l'Inconnu »*.[81] La position spatiale de la maison d'école contraint, par la distance et l'éminence du site, l'enfant du village à parcourir de longues distances ou à escalader une colline, pour accéder à ce nouveau temple où le savoir se donne à contempler dans sa distinction impériale. Le contenu de son instruction, contraire à l'éducation familiale, en dénonce les principes, les méthodes et les valeurs. Et pourtant, il faut aller là-bas, *« apprendre l'art de vaincre sans avoir raison »*. Il faut y aller chaque jour que Dieu donne, et même deux fois plutôt qu'une s'il le faut, pour connaître *« toutes les façons de lier le bois au bois »*.[82] Ce renouvellement inévitable de la douleur et de la souffrance quotidiennes, c'est-à-dire la promesse et la réalisation d'une impression physique et psychique pénible, est un facteur cataclysmal d'une portée qu'on va essayer de rendre sensible, en s'aidant de Freud et des *lectures* de Freud.

A propos « *de la dénégation* » dans ses *Parcours de Freud*, Jean-Michel Rey rappelle que, pour l'auteur d'*Au-delà du principe de plaisir*, l'appareil psychique comporte deux « *couches* » : « *une couche protectrice extérieure qui a pour fonction majeure d'atténuer, de réduire les excitations incidentes, et une* surface *qui, située derrière, constitue le système P. Cs. et est destinée à parer aux stimuli ; système fortement structuré à l'intérieur duquel les organes des sens seront considérés comme des « antennes » (Fühlern) qui sont émises (sich herantasten) en direction du monde extérieur et qui s'en retirent constamment* ».[83] La perception résulterait ainsi d'un compromis entre ce que nous voulons savoir et ce que nous désirons ne pas savoir. Elle opérerait par intermittences au cours d'un « *procès qui se déchiffre sous l'indice d'un* effacement périodique *dont la conscience est à la fois l'objet et l'enjeu* ».[84] Ce, afin de nous informer, tout en préservant notre intégrité psychique. Le cas du petit Hans, découvrant la réduction de son sexe par rapport à celui des grands animaux, fait concevoir à Freud ce « *renversement général [...] du plaisir en déplaisir [...] Les grands animaux lui rappellent ce défaut [...], c'est pourquoi ils lui sont désagréables. Mais comme cette suite de pensées ne peut vraisemblablement pas devenir conscience, ce sentiment pénible se transforme en angoisse, de sorte que son angoisse présente [...] est édifiée sur un plaisir ancien tout autant que son plaisir actuel* ».[85] Subsiste ainsi, dans la confusion temporelle et l'ambivalence des affects, une zone trouble qui fonde l'indécidabilité de notre perception des événements psychiques, lesquels sont soumis « *à un dispositif pulsionnel en devenir qui en démultiplie les effets* ».[86] Il en va ainsi du motif de castration dont le sujet ne peut décider s'il correspond, dans son actualité *événementielle*, à une projection du souvenir ou de l'avenir : d'où sa persistance menaçante constamment éconduite, et perpétuellement reconduite.

Dans le même ordre d'idées, les deux principes du Moi ne construisent, en définitive, cette abstraction commode en constant devenir, que sur fond de compromis, pour escamoter le déplaisir :

> De même que le Moi-plaisir ne peut rien faire d'autre que désirer, que travailler à obtenir un gain de plaisir et à esquiver [...] le déplaisir, de même le Moi-réalité n'a rien d'autre à faire que de tendre vers l'utile et de s'assurer contre les dommages. En réalité la substitution du principe de réalité au principe de plaisir ne signifie pas que ce dernier soit destitué (.., mis à distance, détrôné, suspendu, interrompu), mais seulement qu'il s'est mis à l'abri [...] Un plaisir momentané, aux conséquences incertaines, est abandonné, mais seulement en vue d'acquérir, par cette nouvelle voie, un plaisir assuré dans l'avenir [...][87]

Cette citation du texte freudien éclaire d'un angle nouveau un développement de son analyse où Adler manifeste—fort justement—l'appréhension que le lecteur éprouve des problèmes à le suivre. Il s'agit du paradoxe de la conduite du sujet qui masque sa recherche de supériorité, c'est-à-dire la préservation de son identité, derrière une attitude manifeste d'infériorité :

> Ce qui, insiste-t-il, paraîtra difficile à admettre de la part de mes lecteurs ou des adversaires de ma conception, c'est le fait que même la soumission, la servitude, la dépendance, la fainéantise et des traits masochistes, signes manifestes d'un sentiment d'infériorité, éveillent un sentiment de soulagement, voire même un privilège.[88]

L'École, voie de rédemption et de reddition : énigme d'une ambivalence

Ambivalence, indécidabilité sont les mots de l'énigme qui va composer l'intrigue du mythe de l'enfant scolaire. Aller et venir de la case paternelle à la maison d'école, monter la colline et dévaler vers le village sont désormais, du moment qu'il s'est fait recruter là-bas, son lot quotidien. Ce défilé entre des antonymes installe sa personnalité fragile encore dans une situation *impossible* pour son appareil psychique. Il ne peut s'en sortir que de deux manières : soit que lui, qui *ne parle pas*—mais n'en pense pas moins—, refuse d'entendre et de reproduire le discours scolaire pour le contrôle de connaissances (c'est l'échec scolaire et la déchéance sociale, gage d'une hypothétique réinsertion culturelle) ; soit qu'il admette d'entendre le discours de l'École et de le reproduire, aux dépens de sa liaison syntone avec l'ambiance de sa vie quotidienne. Ici, plus qu'ailleurs, s'exerce la violence symbolique de l'action pédagogique dont Bourdieu dit qu'elle agit *« objectivement en tant qu'imposition, par un pouvoir arbitraire, d'un arbitraire culturel »*.[89] Elle est d'autant plus redondante, cette violence, qu'elle bénéficie, dans bien des cas, de la complicité de la famille, parce que la scolarisation de l'enfant représente, pour celle-ci, la seule porte de sortie de la misère à laquelle l'ont dorénavant assignée le déni de son système de référence et la désintégration de ses repères culturels propres.

Non content de monter, l'écolier monte en courant vers l'école afin de combler, à temps, la distance qui le sépare de l'éminence qui irradie de désir, médiation de la puissance moderne. Et cet enfant-là court vers sa perte, qui lui y est représentée comme une promotion. Chaque jour et à chaque pas, il se coupe de l'ombre de la sécurité, pour pénétrer dans le *soleil blanc de la mélancolie*. Ici, on lui épelle son univers naturel dans une langue étrangère. Et de sa propre bouche et de sa main même, son monde familier ressort tout défiguré. D'où, un sentiment panique d'étrangeté et de déshérence typique de l'angoisse. Laye affirme : *« Oui, le monde bouge, le monde change ; il bouge et change à telle enseigne que mon propre totem—j'ai mon totem aussi—m'est inconnu »*.[90] Outre l'étrangeté déjà terrible de l'objet imaginaire d'identification, il y a le sentiment de sa propre étrangeté dans l'hybride où il se trouve établi, incapable d'aller jusqu'au bout de l'itinéraire pervers du labyrinthe. Il lui reste l'évasion urbaine comme voie d'issue contre l'hystérie, s'il a réussi à nier en lui le régime originel. Pour celui qui y a échoué, il ne reste qu'à s'installer dans la défaite paresseuse, avec le souvenir imaginaire du paradis entrevu qui a tôt disparu. L'un et l'autre expérimentent le déchirement de la conscience que déplore, dans son « exil de Sine au bord de Seine », le thaumaturge de la Négritude :

Et cet autre exil plus dur à mon coeur,
l'arrachement de soi à soi.[91]

Voici donc, après la première épreuve initiatique de la circoncision villageoise, violence physique d'une culture partagée, l'épreuve plus terrible parce qu'ensemble invisible et démoralisante de la castration symbolique. Cette duplication inattendue et *différante* de la scène primitive advient sans préparation, de sorte qu'elle redouble l'angoisse initiale—demeurée latente—, créant un terrain propice au sentiment d'impuissance, du fait du blocage à un stade névralgique de la personnalité. Adler évoque ainsi le cas même *« des enfants exceptionnellement doués, qui pendant un certain temps progressent régulièrement et développent leurs possibilités jusqu'à un certain point, mais qui, une fois effondrés, sont absolument incapables de surmonter la crainte d'une catastrophe qui les menacerait dans leur développement ultérieur »*.[92] Son univers natal est représenté à l'enfant scolaire en termes de carence ou de rareté. Sa culture est dévaluée. Sa personne physique dénigrée. Sa personnalité morale disloquée. Il est une somme d'infirmités tellement variées et complètes qu'elles en paraissent insupportables, insurmontables. D'où son complexe d'infériorité qui se voit doublé, en contexte scolaire, par la promotion de l'Autre dans le manuel : tout ce qui est bien, fort, riche et beau revient à l'étranger ; et c'est autant qu'on lui vole, à lui.

Il ne peut se sauver de l'anéantissement intégral, qu'en se néantisant pour devenir l'Autre, ou ce qu'il lui plaît. Car il n'a pas de Moi idéal, il a un Idéal du Moi suréminent et survalorisé : l'idéal du Noir, rappelle Fanon, ce n'est pas le Noir, mais le Blanc.[93] On lui a volé sa propre image, et il est obligé de s'en faire le complice—d'être coupable du vol de son image dégradante—, faute de quoi on lui brandit, intraitable, la menace de castration qui figure une possibilité latente le long du procès de son itinéraire éducatif. Comme au reste tous les autres événements fugitifs—que la conscience veut appréhender et désire ne pas voir—, l'angoisse, la castration, l'infériorité, la dépendance construisent et balisent le champ sémantique de ce roman personnel de l'enfant scolaire noir francophone, se surdéterminant et s'interpénétrant au point qu'il en sort tout à fait méconnaissable. On peut croire qu'il s'agit là de fables, que cela n'a pas eu lieu. On peut s'écrier que cela est impossible, que l'épopée cinématographique d'*Orpheu negro*, que la préface d'*Orphée noir*, ne sont qu'une mise en scène et un mythe de rêveur et de philosophe...

La voie proverbiale et les archives du labyrinthe
Angèle Kremer-Marietti nous met en garde pourtant contre la négligence et la sous-estimation des mythes :
> En prendre à son aise avec les mythes, c'est commettre la faute de mythologisation, c'est encourir la peine de subir le symptôme de cécité, comme Stésichore, et c'est enfin, comme lui, se résoudre à la rétractation palinodique. La vérité du mythe, maltraitée, rejaillit en symptôme que seule la rétractation efface : rétractation, c'est-à-dire encore une forme de négation, après l'aveu abusif.[94]

Elle rappelle qu'au cours de l'institution du *logos*, du sujet et de son Autre de la philosophie, Platon non seulement énonce, à la rencontre du mythe constitué, les deux attitudes qu'il adopte :

> Ou bien, il faut le percer dans son secret, et c'est ce que Platon tente pour le mythe de Cronos dans le Politique ; ou bien, il faut s'en contenter au pied de la lettre, à défaut d'avoir su lire en lui la science qu'il colporte, et c'est à quoi nous invite Platon dans le Timée (29 c), convenant d'accepter le mythe vraisemblable.[95]

Mais le philosophe grec de l'Être occidental, comme plus tard le praticien de l'âme allemand avec sa *fiction théorique*, suggère d'exploiter judicieusement la structure de la *forme simple* :

> Loin de prendre ses distances par rapport au mythe, le logos y a recours pour se constituer, allant jusqu'à la fiction d'un mythe inédit pour se déployer dans toute l'exigence du sens [car] qui reconnaît la similitude avec la vérité ne connaît-il pas déjà la vérité ?[96]

Sans doute le recours au mythe d'un Orphée noir serait-il encore indexable comme un réflexe d'Occidental, tout comme on peut suspecter l'évocation de l'histoire de Prométhée et Épiméthée, les deux frères dont l'un élabore la civilisation pendant que l'autre pense la valeur de cette élaboration. Il reste cependant, malgré les ruses et les faux-fuyants que *« la rectitude du logos est toujours restituable »*,[97] si l'on veut bien dissiper les prestiges du maître et les mystères de la sémiologie de la dénégation. On se souvient de l'énoncé du proverbe toucouleur :

> *Hai so waandu' artaani baammum waaude nabbude ne, woto laatyi mum kam moo'dy e leidi.*[98]

À partir de cette parole africaine de sapience authentique qu'on va investir comme la métaphore d'une structure lacunaire, on voudrait, à la lumière du discours freudien sur l'étrangeté familière du rêve, parier, comme l'écrit admirablement Angèle Kremer-Marietti, de pénétrer par la voie proverbiale *« dans les archives de l'âme où se collectionnent les feuilles de papyrus sur lesquelles cheminent les lettres qui conduisent à travers des forêts de symboles-symptômes [...] Le signifié glisse sous le signifiant [..,] le déplacement fait virer la signification dans la métonymie [..,] le matériel signifiant s'exprime en représentant des relations qui ne portent que sur le contenu affectif des pensées du rêve et non sur la logique de ces relations, sans toutefois déboucher sur une sémiologie figurative et tout en restant à l'intérieur de l'écriture ».*[99]

« Même si un singe n'est pas tel que son père pour ce qui est de pouvoir grimper, que pourtant sa queue ne soit pas rongée à terre par les termites », énonce le proverbe (parole antérieure, maxime) exemplaire d'être remarquable pour la sagesse du message dont on va décoder les sèmes dans le dépli isotopique, mais aussi pour la teneur du message comme chiffre d'un signifiant absent de la lettre de l'énoncé. Toucouleur est le régime du proverbe et *le hasard fait bien les choses* : l'origine peuhle, le nomadisme pastoral inducteur de diverses topiques qui *désoriginent* la parole et en autorisent, en conséquence, l'attribution à d'autres peuples de l'Afrique noire dont *toucouleur* désigne le prisme chromatique et garantit l'authenticité par la signature collectée le long de la pérégrination à travers les zones de pâturage saisonnier. *Proverbe toucouleur* s'entend : parole modèle de sagesse, aux couleurs des divers peuples de l'Afrique noire, énoncée antérieurement à la gomme coloniale. *Proverbe* signifie aussi représentation, mise en scène sommaire. Comme acteurs : un singe, son père, sa queue, les termites. Décor représenté : la terre ; décor évoqué, absent dans l'actualité : l'arbre. Laissons défiler la bande sémiotique.

L'observation de la face *corporelle* des signes permet d'affirmer qu'il s'agit là d'un énoncé linguistique à forte grammaticalité dans lequel signifiants et référents entretiennent un rapport de dépendance exemplaire de justesse. Topologiquement, les personnages sont tous habitants des pays chauds. Les trois règnes sont, soit représentés (animal, minéral), soit évoqué (végétal) suivant leurs propriétés caractéristiques : le singe grimpe aux branches de l'arbre pour y quêter sa nourriture (des fruits ou des graines). Sa queue, prolongement du cortex, est l'organe essentiel qui assure et maintient son équilibre au cours de la motion. Les termites sont des insectes démunis d'ailes. Aussi traînent-ils, au lieu de voler. Ils vivent en sociétés organisées selon un ordre de spécialisation assez finalisé qui fonctionne à surévaluer leur propre préservation aux dépens de celle des autres espèces ; cela explique qu'ils se bâtissent d'énormes châteaux forts où ils se retirent à l'abri des représailles que ne manquent pas d'attirer sur eux les multiples déprédations qu'ils commettent alentour. Ils peuvent ainsi naturellement s'attaquer à la queue du singe qui traîne par terre, comme à une proie inattendue, mais consistante.

Au niveau de l'*incorporel*, les signifiés de l'énoncé dégagent, en conséquence, des procès thématiques absolument concordants. Au point de vue du régime alimentaire, sa queue sert au singe à grimper aux arbres comme leur nature agressive commande aux termites de détruire leur prise pour consommer et conserver leur nourriture. Le développement d'un tel thème atteste chez le Toucouleur, par la connaissance de la zoologie, l'indice du procès de science qui, on le sait, comporte des phases essentielles (observation, classification, hypothèse, vérification, loi) nécessitant la capacité de s'étonner et de prendre des distances avec le réel qu'on objective de la sorte afin de s'en assurer la maîtrise éventuelle. A ce thème *réaliste* de base, correspond la surimpression de divers thèmes induits, non immédiatement figuratifs, qui attestent, par le recours au symbole *(signe support d'un signe absent)*, l'usage de la rhétorique chez le Toucouleur, c'est-à-dire une pratique herméneutique. Ainsi, l'arbre que nous avons représenté figure une absence dans l'énoncé réalisé. L'ellipse fait l'économie de la redondance et allège la maxime qui fait figure en conséquence : la *mimesis* représente l'absence par l'absence orale, l'arbre est présent d'être seulement évoqué par l'allusion du discours comme l'angle qui en sature le sens. Au sujet de l'arbre justement, s'agit-il de l'arbre de Vie ou de celui de la Science (*cf.* « Ébauche d'un Serpent »[100]) ? Le singe qui monte y va quérir sa pitance, l'aliment qui assure l'existence et dont le besoin, dit-on, est mère de la Science.

On le voit, le Toucouleur, pour narrer sa science au fil du temps, dépose celle-ci dans la tresse du proverbe au pli de la métaphore. Métaphores concordantes du singe, des termites et d'une queue traînant accidentellement à terre, qui se laisse sans raison surprendre puis mordre et réduire en miettes tout naturellement. La narration décline son identité : singe et termites font partie d'une aire géographique commune. Leurs natures sont différentes : l'un grimpe à l'arbre, les autres traînent par terre. L'un est intelligent, sociable, très adroit ; les autres sont agressifs, innombrables et très solidaires. D'où la logique de l'accident au cours duquel, croisant la queue du singe qui traîne sur leur chemin, ils s'en emparent et la mangent. Le propre du singe c'est donc de grimper quêter sa pitance et quérir la science. Sa queue lui est nécessaire pour assurer l'équilibre de sa progression. Le singe a aussi la réputation d'être constamment en mouvement et, même quand il est statique, de faire cependant des grimaces.

Aussi la supposition du proverbe toucouleur consigne-t-elle l'irréalité définitionnelle—sa forte improbabilité, sinon son absurdité—par le paraphe de la restriction : *« Même si »* veut dire, si d'aventure, par hypothèse absurde. *Un singe*, c'est-à-dire le symbole de l'adresse, de la malice, du savoir-faire : l'animal qui, parce qu'il est le plus proche de lui, peut être, par ses qualités, comparé à l'homme et auquel ce dernier peut—sans dommage pour son prestige—déléguer analogiquement ses attributs. Si *par impossible* donc un tel sujet n'hérite pas de son géniteur la science, transmissible naturellement dans le génome, qui assure la reproduction et la survie de l'espèce en libérant l'individu de la pesanteur et des contraintes du monde et de la vie ; si advient cette éventualité improbable qu'il ne soit pas *« un second son père »*, *que du moins* le singe ne commette pas la faute *rédhibitoire*— parce qu'elle est sanctionnée par la perte de puissance *et* de prestige—de ne pas sauver sa queue du naufrage de sa personnalité. Par la manipulation des calculs comportant un antécédent et un conséquent, le Toucouleur signale sa pratique de la mathématique, en même temps qu'il démontre sa puissance de prévision et d'évaluation du réel et du potentiel. Par la mesure des sanctions, le Toucouleur révèle qu'il sait distinguer le bien et le mal, le vrai et le faux, le beau et le laid. Il dispose par conséquent d'une Éthique, d'une Logique, d'une Esthétique, d'une herméneutique dont il veut s'assurer qu'elle sera transmise sans encombre à sa descendance.

Rupture du fil d'Ariane
Pourtant un jour advient *l'impossible* : le singe ne peut pas grimper ; l'irréparable se produit aussi : sa queue à terre est rongée des termites. Le singe diffère de son père dont il ne perpétue pas les valeurs et dont il n'honore guère la renommée d'agilité, d'adresse, d'intelligence, de civilité. Lui, qui symbolisait la progression, la promotion et la finesse de l'esprit, le voilà qui traîne piteusement une queue résiduelle livrée à l'appétit des termites affriolés, insatiables et prolifiques. Sa puissance se liquéfie en grimaces incompréhensibles : le singe n'est plus un singe, c'est un pitre qui s'exerce à singer l'ours venu d'ailleurs qu'il ne deviendra sans doute jamais tant qu'il ignore le chiffre de la frontière.

La psychanalyse est la discipline concernée par l'antidote qu'ailleurs on a découvert pour réparer le corps malade de ceux qui ne peuvent pas s'adapter au mode d'évolution de la société. On va, en conséquence, y recourir à titre expérimental pour au moins tâcher de diagnostiquer la maladie de l'imaginaire dont on pressent confusément que doit souffrir le singe, chaque jour davantage dépendant, de l'Afrique francophone des indépendances. Voici un énoncé de manuel :

> samori est fétichiste mais samori veut devenir catholique ; il s'appellera adolphe.[101]

Cet énoncé ordinaire du livre de lecture à l'école catholique va pouvoir servir d'angle à notre déchiffrement du code proverbial. Samori est un nom connu de la résistance noire africaine à la pénétration coloniale. Il est généralement associé aux noms de El Hadj Omar, Béhanzin, Rabah, etc., dans l'instauration et le règne de *« l'anarchie sanglante du temps »*[102] antécolonial. Il s'agit par conséquent du symbole parfait de l'hostilité à la civilisation, puisqu'il a dû le payer au prix de sa vie. Mais en contexte scolaire son nom se trouve converti en un prénom chrétien dans lequel on peut lire, par transparence, l'allusion à l'autre ennemi de la France et de la Civilisation (Adolf Hitler). La conversion, on le sait, lave le mal et la faute qui sont oubliés. Il s'opère ainsi, à l'aide du discours paisible, une récupération substantielle qui sert le projet de conciliation, en annexant l'ennemi par sa propre volonté. Faute d'être reconnu, l'autre est perçu comme fossile.

Il nous semble que la *surprenante erreur pédagogique*[103] que Davesne reproche à l'école originelle de la France en Afrique noire se résume dans une telle formule. Certes, on se rappelle qu'au long des deux décennies qui précèdent les Indépendances, l'enseignement colonial aura été à la recherche de son adaptation, notamment grâce à la conception et à la révision des manuels comme ceux de Macaire, de Grill ou de Davesne justement. Mais qu'on se souvienne aussi des considérations sémantiques qu'en 1931 Georges Hardy fait, dans sa préface de la série des *Mamadou et Bineta*, sur le terme même d'adaptation :

> L'effort d'adaptation scolaire, dans nos colonies africaines, ne date pas d'hier, écrit le préfacier. Mais nulle tâche, assurément, n'est plus difficile [...] Adaptation, voilà, si l'on y réfléchit bien, un mot terriblement vague. Adaptation à quoi ? A tout,—à la capacité des esprits, aux besoins du pays, aux traditions du milieu social, au programme de colonisation, etc., etc. Il ne s'agit pas seulement de remplacer, dans les livres de lecture Gaston par Mamadou et, dans les problèmes, le coupage des vins par la fabrication de l'huile de palme : il faut que le moindre exercice achemine l'écolier dans une voie très déterminée, qu'il le préserve des brusques écarts et des excursions sans issue [...] c'est affaire de praticiens ; mais de praticiens qui ne se tiennent pas au terre à terre de la besogne quotidienne et qui, de temps en temps, grimpent sur un arbre pour regarder la forêt.
> A parcourir le travail de M. Davesne, j'ai le sentiment qu'il est de ceux-là [...] A tous les tournants, on trouve un éducateur véritable, pour qui la lecture ou le calcul n'est qu'un moyen et qui, à travers le visage rond du bambin noir, scrute la barbe de l'adulte.[104]

Si tout le monde paraît s'accorder pour rechercher une *pédagogie africaine*, c'est, évidemment, que celle-ci est absente dans la réalité pratique de l'école coloniale. L'article—déjà cité—de Vaast s'intitule « *Nécessité d'une Pédagogie africaine* ». L'auteur, en technicien de la pratique scolaire, y délibère sur l'alternative anxiogène à laquelle doit faire face l'enseignant des colonies qui ignore encore, en 1952, s'il doit assimiler ou associer l'esprit de l'enfant africain à la culture métropolitaine ; surpris qu'en dépit de la pratique, on obtienne quelques résultats, il situe le dilemme :

Devons-nous transformer les Africains en Français en leur appliquant massivement notre culture, notre code, notre économie, notre morale ?
Ou devons-nous nous efforcer de former des Africains conscients de leur destin propre, des Africains pour l'Afrique, des Africains non déracinés capables d'affronter, comme le dit Senghor, « l eur négritude ? »[105]

Dans son article intitulé « Problèmes psychologiques de l'école primaire en A.O.F. », André Terrisse, expert officiel, constate, dans le cadre d'une enquête ouverte à partir du deuxième numéro d'*Éducation Africaine*, la carence de connaissances fiables en ce domaine. Partant de l'angoisse dont il soupçonne l'enfant africain victime, il élabore les prolégomènes d'une définition du champ expérimental, non sans souligner l'incurie du système en vigueur :

Dans l'état actuel des choses, les résultats scolaires ne sont que de valeur secondaire pour la connaissance de l'enfant. En effet, l'école française implantée en Afrique devient une expérimentation au deuxième degré, puisqu'elle part de mesures psychologiques effectuées dans un milieu différent.
La première phase dont nous pouvons entreprendre l'étude est la délimitation d'un champ possible d'expérimentation. Beaucoup d'éducateurs de bonne volonté ont tenté de résoudre des difficultés ou des problèmes, mais toujours d'une façon parcellaire et empirique. Il est nécessaire de se placer d'un point de vue plus panoramique, de poser clairement les grands problèmes, avant de chercher leur solution [...] Le milieu joue un rôle considérable dans la compréhension. L'écolier africain, aux

> prises avec l'enseignement français, est toujours dans la position de l'enfant qui rentre de vacances. Il a besoin de se libérer d'une stupeur momentanée, de la désadaptation partielle de tout son système de sensations et de réactions.[106]

Ce constat sans aménité de Terrisse, et de lui seul malheureusement, fait justice de l'attitude tactique d'un Vaast pour lequel, malgré les ravages du système,
> [...] il n'est pas de colère possible ni de pessimisme devant les résultats. Au contraire c'est un émerveillement d'avoir pu avec des moyens aussi rudimentaires, une pédagogie aussi routinière, des maîtres insuffisamment préparés, obtenir ce que nous avons obtenu.[107]

Terrisse précise à l'inverse qu'au lieu de s'adonner à des bricolages en escamotant l'essentiel, il faudrait aller au coeur des problèmes et surtout scruter attentivement l'âme de l'enfant dans laquelle, malgré les dénégations de Davesne, *la mayonnaise* de ce qu'il désigne entre guillemets comme la *« pédagogie africaine »*,[108] n'a pu *prendre* jusqu'à cette date. Si l'on admet avec Émile Durkheim que *« la pédagogie n'est autre chose que la réflexion appliquée aussi méthodiquement que possible aux choses de l'éducation »*,[109] il est incontestable qu'il existe théoriquement une question de *pédagogie africaine* qui recoupe le problème plus politique de la colonisation française, laquelle va et vient sans cesse entre les doctrines de l'assimilation et celles de l'association. De là, les sempiternelles conférences de Directeurs de l'Enseignement sur *l'adaptation de l'enseignement aux colonies,* qui font des années d'après-guerre les décennies de l'adaptation. La pédagogie de l'humanisme théorique vise, on le sait, l'intégration sociale de l'adulte qui sortira de l'enfant, libéré et armé par l'École. Le débat théorique qui a eu cours ne doit pas cependant dissimuler l'existence sur le terrain d'une pratique psychagogique qui, en l'absence de détermination officielle, a naturellement—et pour cause—fait le choix des intérêts dont l'institution scolaire était l'émanation. Pouvait-il en aller autrement ? Mais surtout dans quel état l'enfant ainsi programmé arrive-t-il à l'âge adulte dans *sa* société ? Quelle hypothèque pareille initiation fait-elle, au nom de considérations matérielles et idéologiques qu'elle vise à satisfaire et à perpétuer, peser sur le développement psychique et mental de l'adolescent à peine sorti de l'enfance ?

Méconnaissance d'une culture, facteur de blocage des processus cognitifs de l'enfant

On sait qu'en Occident la notion de progrès a toujours consisté, même dans ses errements, dans une recherche constante en vue d'améliorer la qualité de vie de la majorité des personnes. Jamais, sauf le nazisme et le Goulag sans doute, l'idée de progrès n'a servi d'alibi à autre chose comme, par exemple, la réduction de l'*autre*. Aussi l'ennemi de guerre reste-t-il respectable et redevable des mêmes soins de part et d'autre des camps en conflit, grâce à la Croix Rouge, à la Société des Nations, à l'Organisation des Nations Unies et à diverses autres instances institutionnelles et régulatrices. Cela explique la condamnation universelle du nazisme comme crime contre l'humanité. Il en va autrement du colonialisme et de la vocation de progrès dont il se pare pour justifier la désorganisation d'autres sociétés et d'autres cultures. Ce progrès paraît s'effectuer pour une partie de l'humanité aux dépens de peuplades considérées comme sous humaines ou non humaines. O. Mannoni signale qu'une guerre coloniale ne donne pas lieu à la reconnaissance des ennemis en termes d'égalité :

> On peut soutenir, écrit-il, d'un point de vue purement psychologique et en écartant les considérations morales, que l'emploi de la force

> peut amener des « solutions », et chacun sait qu'à la guerre le combattant finit par faire la paix avec lui-même et même temps qu'il la fait avec l'ennemi. Encore faut-il se reconnaître dans l'ennemi, et avoir partagé ses risques, ses misères et son courage ; autrement dit, il faut avoir été un combattant et apercevoir le combattant dans l'ennemi. Cette situation n'est guère possible dans une guerre coloniale. La colère, la menace, le défi, la provocation n'apportent pas avec eux leur propre résolution. On l'a compris tardivement en organisant des cérémonies de soumission où l'on s'efforçait de présenter la pacification comme un accord entre combattants. Seulement, personne n'y croyait. Même la guerre a des lois qu'on ne viole pas impunément.
>
> Il n'est pas possible d'expliquer l'attitude des Européens coloniaux par le seul souci de leurs intérêts bien calculés, ni par la peur d'un danger. Elle s'explique, au contraire, par la nature des sentiments complexuels qui se manifestent dans une situation coloniale.[110]

Ainsi, faute de se résoudre en reconnaissance mutuelle, la guerre coloniale réelle ne réconcilie pas les ennemis avec eux-mêmes ni entre eux. C'est moins encore le cas de cette guerre simulée que représente la scolarisation. Au cours de ce cycle, *l'autre*, instruit sans réciprocité, ne peut nullement aspirer à éduquer son éducateur, comme le préconise Gramsci. Aussi admet-on, en dernier ressort, que l'École non seulement cherche à réduire l'adversaire mais encore, lorsque ayant découvert son erreur, elle prétend la réparer, qu'elle ne trouve pas le fil d'Ariane par lequel accorder son discours aux pratiques désormais enfouies de la pédagogie et de la culture locales, qui se sont pulvérisées sous le harcèlement psychagogique. Il est en conséquence curieux de voir tout le monde s'étonner que l'enfant de l'ennemi ne se reconnaisse ni ne se retrouve dans cette école et, malgré l'injonction de la formule d'hygiène et de progrès, qu'il n'arrive pas à concrétiser efficacement les enseignements reçus en production autonome.

L'erreur de *l'école étrangère* nous semble avoir précisément consisté dans la fossilisation—décrite par Gramsci—des cultures traditionnelles. Elle a par le même coup oeuvré à fossiliser l'objet de son enseignement dans l'esprit de l'enfant scolaire. Aussi ce dernier n'a-t-il pas réussi à convertir son *instruction* en autre chose que les deux modèles du fonctionnaire et du cadre indigènes qui, à la place des Européens dont ils servent les intérêts, parasitent socialement les types de l'ouvrier et du paysan, victimes du régime d'exploitation mis en place par la colonisation, aujourd'hui reconduit et amplifié dans ce que les experts nomment le *néocolonialisme*. Cette fixation à un stade intermédiaire, selon la terminologie adlérienne—correspondant à ce que Freud appelle régression—explique que, malgré ses ressources de rêve et les effets de manchettes des orateurs à la tribune des conférences internationales, malgré les *aides au développement* et les semonces du Fonds Monétaire International, l'Afrique noire scolarisée, mais son civilisée, s'avère toujours incapable de concevoir, d'initier et de réaliser pour ses habitants un modèle viable d'intégration socio-économique heureuse, parce que partagée. Pourtant O. Mannoni met en garde contre l'erreur d'origine scolastique qui conçoit l'esprit de l'écolier comme une boîte vide qu'on remplirait de savoir, sarclant ici et là l'ivraie importune. Cette conception qui a pu fonctionner efficacement, avec ses qualités et ses défauts, sur l'Européen, n'est susceptible, transplantée dans une culture trop différente, de causer que des mécomptes, sauf à être acceptée superficiellement sous la forme d'un savoir dont on tire prestige sans l'intégrer. Faute d'introduire en colonie des outils nouveaux et simplement techniques qui respectent la personnalité, le psychologue conseille au pédagogue de s'abstenir d'instruire l'enfant indigène. Mannoni écrit notamment, en référence aux modèles culturels en contact et en conflit :

> Mais s'il s'agit de personnalités d'un type trop différent, ce qu'on prétend ajouter à la personne lui reste étranger ou bien détermine, plus ou moins à longue échéance, un remaniement d'ensemble avec des réactions d'intégration d'une part et de refoulement de l'autre. [...]
> Un enseignement culturel bouleverse la personne beaucoup plus qu'on ne s'y attendait, sauf le cas où il serait simplement accepté dans le plan de la persona, comme un savoir dont on tire vanité, scolaire, livresque, non intégré—et c'est peut-être le cas le plus fréquent.
> Une méthode d'enseignement qui puisse passer entre ces deux écueils est encore à trouver, conclut l'auteur. Pour le moment, nous sommes condamnés à ne pas toucher la personnalité ou à la saper à l'aveuglette.[111]

Notes

1. « Il materialismo storico e la filosofia de B. Croce », p.26, cité par Christine Glucksmann « *Gramsci et la question scolaire* »..., p.3 *(G.D.T.)* p.174). Nous avons découvert Gramsci par ces « remarques introductives » de Ch. Glucksmann. Mais devant l'impossibilité de trouver l'ouvrage définitif de l'exégète, nous avons résolu d'accompagner dans la mesure du possible, entre parenthèses, notre référence imprécise à sa traduction que nous citons de celle plus conventionnelle du *Gramsci dans le Texte (G.D.T.)* de François Ricci et Jean Bramant, paru aux Éditions Sociales en 1975.

2. « Note sul Machiavelli, sulla politica e sullo stato moderno », p.88, cité par Christine Glucksmann, p.7, *(G.D.T.,* p.572, note 149).

3. « L'organisation de l'École et de la Culture », *id.*, p.12, (*G.D.T.*, p.614)

4. On sait que *la raison d'État* est une « considération d'intérêt public que l'on invoque pour justifier une action illégale, injuste en matière politique » (Robert). Dans le cas d'espèce, enseigner les notions de droits de l'Homme à des écoliers destinés à figurer les sujets futurs de l'Empire eût été nuire à la stabilité de la République. Aussi aucun manuel scolaire, dont c'est pourtant l'une des fonctions primordiales définies par Condorcet, ne mentionne-t-il—sauf erreur—à côté des devoirs de l'adulte, les droits du citoyen d'un État jusque-là inconcevable.

5. *La République inachevée. L'État et l'École en France*, Payot, Paris, 1985, p.339.

6. Cité par Edwy Plenel, ouvr. cit., p.337.

7. Cité par Christine Glucksmann, p.9.

8. *Ibid.*

9. Edwy Plenel, ouvr. cit., p.340.

10. *Id.*, p.341.

11. *Id.*, p.330.

12. « Pour la Recherche du Principe éducatif », présenté par Christine Glucksmann, p.15, *(G.D.T.*, p.624). Nous soulignons.

13. *Ibid., (G.D.T.*, p.625).

14. *Id.*, p.16, *(G.d.T.*, p.627-628).

15. *Id.*, p.17, *(G.d.T.*, p.628).

16. *Id.*, p.14 et 17, *(G.d.T.)* p.622-623 et 629). Nous soulignons.

17. *Id.*, p.17-18, *(G.d.T.*, p.630).

18. Ouvr. cit., p.324.

19. 2 tomes, Université René Descartes, Paris V, 1977.

20. *Vers un nouvel ordre éducatif ?*, no.49, AUDECAM, Paris, Sept.— Oct. 1980, vol. IX.

21. *Id.*, p.9.
22. *Id.*, p.10.
23. *Dictionnaire wolof-français*.—Nouvelle édition revue et considérablement augmentée par le R.P.O. Abiven, Mission catholique de Dakar, 1923, 385 p.—p. 371, cité par R. Colin, art. cit., p.10.
24. *Ibid.*
25. *Ibid.*
26. *L'Enfant Noir*, Plon, Paris, 1953.
27. *L'Aventure ambiguë*, Julliard, Paris, 1960.
28. R. Colin, art. cit. p.11.
29. Paraphrase d'un proverbe toucouleur cité en contexte plus loin.
30. Angèle Kremer-Marietti : *La Symbolicité*, P.U.F. « Croisées », 1982 p.14. Nous nous sommes amplement inspiré notamment du chapitre 1 « Prologue méthodique : Rhétorique, Psychanalyse et Philosophie », (p.5-37), pour rendre compte de la cohérence de l'herméneutique européenne, en relation avec la conception qu'a l'Occident impérialiste de l'histoire humaine qu'il articule à son profit majeur.
31. *Ibid.*
32. *Id.*, p.5.
33. *Id.*, p.6.
34. *Ibid.*
35. *Ibid.* Souligné dans le texte.
36. *Ibid.*
37. H.G. Gadamer : *L'Art de comprendre—Écrits 1—Herméneutique et tradition philosophique*, Aubier-Montaigne, Paris, 1982. Cette traduction de Marianna Simon constitue l'autre balise de ce parcours heuristique qui s'efforce de rendre intelligibles les germes d'un malentendu continué entre deux *intuitions du monde* inégalement contradictoires que, par une *ruse diabolique*, l'histoire s'obstine à vouloir solidaires.

38. *Id.*, p.132.
39. *Id.*, p.132-133.
40. *Id.*, p.133.
41. *Id.*, p.132.
42. *Id.*, p.133.
43. *Ibid.*
44. *Ibid.*
45. *Id.*, p.137.
46. *Ibid.*
47. L'indication de cette réappropriation de son origine grecque par l'herméneutique avancée de l'Occident prédateur de l'ère industrielle légitime, outre l'opportunité de notre recours à la double autorité exégétique de Kremer-Marietti et H.G. Gadamer, l'interprétation ici faite de la violence symbolique subie par l'enfant scolaire, lequel va être, au cours de son initiation à la doctrine du progrès, victime, dans le même mouvement, de la fausse conscience de ses intérêts par rapport à ceux du pouvoir imposteur qui l'enseigne, à cause précisément de l'usage que le rhéteur pédagogique sait faire à la fois de son autorité et de la ruse pour lui faire miroiter, comme *objectivité idéale* désirable, ce qui correspond simplement à la place qui lui est spécialement dévolue dans la nouvelle division internationale du travail, du savoir, du pouvoir et de l'argent.

    Ainsi, au moment où s'amorce l'émancipation de sa propre *réflexion subjective* qu'il va convertir en *critique de l'idéologie* afin de mieux assurer ses bases géostratégiques, l'Occident *s'assure idéologiquement*, par le relais de la pédagogie notamment, que le Sud s'enfonce dans la vase de l'aveuglement méthodologique caractérisé par l'*objectivité d'eunuque* de l'idéalisme impersonnel, lequel va se voir substitué à la place laissée vacante par la dynamique de l'herméneutique indigène désormais honnie et enfouie.

48. *Id.*, p.136.
49. *Ibid.*

50. *Id.*, p.137. Le réflexe de transmettre le relais de l'obscurantisme qu'il a déjà dépassé est à ce point caractéristique—si ce n'est pas normal du point de vue objectif de la colonisation—de la rencontre du Nord avec le Sud, que c'est précisément sa conviction d'avoir fondé en raison son obéissance à l'autorité qui dirige ses États qui va motiver la *décision rationnelle* que prend l'Occident d'aller établir ailleurs l'imposture d'une autorité barbare à laquelle l'indigène, qui l'écoute, doit obéir aveuglément. L'antique politique de la *tabula rasa* à laquelle il recourt apparaît ainsi comme une curieuse application empirique du principe des vases communicants qui, à défaut de trouver le vide désiré, se charge de créer celui-ci pour les besoins de la cause.

51. On pense particulièrement aux deux guerres mondiales ainsi qu'au Goulag, lesquels sont simplement les faces endogènes de la même barbarie qui se veut alors « civilisation planétaire de demain ». (*Ibid*)

52. *Id.*, p.137.

53. Art. cit., p.11. Souligné dans le texte.

54. Foncin, P. : *La Troisième Année de Géographie*, A. Colin, 1885, p.154, texte 21. « Les races de l'Afrique », présenté dans le dossier sur *« Les colonies dans les manuels scolaires de la IIIe République »* du Musée National de l'Éducation. 1982, p.11.

55. Gaden (H.)—*Proverbes et maximes peuls et toucouleurs*, p.281, cité par R. Colin, art. cit., p.11-12. Souligné dans le texte.

56. *Id.*, p.9.

57. *L'Aventure ambiguë*, UGE, 10/18, Julliard, 1961, p.44.

58. *Id.*, p.47.

59. *Économie et culture africaine, rapports entre tradition et modernité*, Dakar, 1975, cité par R. Colin, art. cit., p.12.

60. *Noirs et Blancs. A travers l'Afrique nouvelle. De Dakar au Cap.* A. Colin, Paris, 1931, p.90-91. Nous soulignons.

61. R. Colin, art. cit., p.12.

62. *Le Monde s'effondre,* Présence Africaine, 1972, p.213. Nous soulignons.
63. H.G. Gadamer, ouvr. cit., p.13.
64. *Ibid.*
65. « Lacan affirme la tradition du discours comme fondatrice des structures élémentaires de la culture. Toute la constellation intime de notre Moi empirique se trouve un jour justifiée dans telle interprétation historique d'un Opéra dans lequel nous projetons le quaternaire des relations inconscientes au sujet, sa relation imaginaire à ses objets, et ce qu'il attend du grand Autre ». (Angèle Kremer-Marietti : ouvr. cit., p.13).
66. Jean-Michel Rey : *Parcours de Freud*, éd. Galilée, 1974, p.198.
67. Alfred Adler : *Le Sens de la Vie*—Payot, Paris, 1963, p.90.
68. *Ibid.*
69. *Id.*, p.91. Souligné dans le texte.
70. *Id.*, p.72.
71. *Id.*, p.72-74.
72. *Id.*, p.76.
73. *Id.*, p.78.
74. *Id.*, p.79.
75. *Ibid.*
76. *Ibid.*
77. *Id.*, p.80.
78. *Id.*, p.81-82.
79. *Pratique et Théorie de la psychologie individuelle comparée*, Payot, Paris, 1961, p.354. Nous soulignons.
80. *Id.*, p.354-355. Nous soulignons.
81. *Cf. supra*, Jacques Weulersse, ouvr. cit.
82. *Cf. supra*, Cheikh Hamidou Kane, ouvr. cit.

83. Ouvr. cit., p.197. Souligné dans le texte.
84. *Id.*, p.198. Souligné dans le texte.
85. Cité par J.M. Rey, ouvr. cit., p.199.
86. *Ibid.*
87. Cité par J.M. Rey, ouvr. cit., p.201-202. Souligné dans le texte.
88. Ouvr. cit., p.85.
89. *La Reproduction*, éd. de Minuit, Paris, 1970, p.19.
90. C. Laye, *L'Enfant noir*, Plon, Paris, 1953, p.71.
91. L.S. Senghor, *Éthiopiques*, Édition critique et commentée par Papa Gueye N'diaye, N.E.A., Dakar-Abidjan, 1974, « Épîtres à la Princesse », v.79, p.92.
92. *Pratique et Théorie...*, « Enfants démoralisés », p.357.
93. *Peau noire, Masques blancs*, Seuil, Paris, 1952. Le texte dit exactement ceci : « Aussi pénible que puisse être pour nous cette constatation, nous sommes obligé de la faire : pour le Noir, il n'y a qu'un destin. Et il est blanc. », p.8.
94. Ouvr. cit., p.8.
95. *Ibid.*
96. *Ibid.*
97. *Id.*, p.7.
98. La citation sans référence ni traduction veut représenter l'authenticité par le mime de l'oralité ou inversement, et rémunérer le défaut de l'écriture par l'écart méthodologique.
99. Ouvr. cit., p.11-12.
100. Paul Valéry, *Charmes*, Gallimard, 1922.
101. Ch. C. Grill : *Syllabaire des Écoles africaines*. 1er livret, Les Presses missionnaires, éd. Saint Paul, Paris, 1946, p.37.
102. *Mamadou et Bineta*, C.E. 1931, p.166.

103. Davesne écrit notamment : « l'espoir de franciser » le futur fonctionnaire indigène, c'est-à-dire de le rendre intellectuellement aussi proche que possible du fonctionnaire français dont il serait l'auxiliaire, fut l'origine d'une surprenante erreur pédagogique [...] s'instruire, devenir capable de parler et d'écrire le français, c'était non seulement concourir pour les emplois lucratifs [...] mais c'était, à tous les degrés, se rapprocher du Blanc, participer à son prestige, s'élever socialement. » (Croquis de brousse ... p.261 et 263).

104. *Id.*, Préface. Nous soulignons.

105. *L'Enseignement au Cameroun*, no.1, 1952, p.9.

106. *Éducation Africaine*, no.3, 1950, p.36-37. Nous soulignons.

107. Art. cit., p.12.

108. Davesne se félicite immodérément de l'oeuvre accomplie, en ces termes notablement idéologiques : « L'enseignement colonial a vraiment pris figure d'oeuvre originale et neuve. Certes tout cela ne va pas sans à coup [...] Cependant, le loyalisme que, dans les pires épreuves, les jeunes gens et adultes instruits par nos écoles ont témoigné à la France, prouve qu'en dépit de ses hésitations, de ses maladresses, de ses erreurs, la « pédagogie africaine » ne s'est pas montrée indigne de la haute mission qui lui était confiée » (Ouvr. cit., p.274).

109. *L'Évolution pédagogique en France*, P.U.F., 1969.

110. *Psychologie de la Colonisation*, Collection « Esprits », Frontière ouverte, éd. du Seuil, 1950, p.90-91. Souligné dans le texte.

111. *Id.*, p.86. Souligné dans le texte.

Chapitre 6
La chaise vide du père et l'ébranlement du sujet

La notion ambiguë de la cause cache, en fait, signale Kremer-Marietti, *quelque chose de non-conceptuel qui, dirions-nous, 'cloche' et cette clocherie s'insinue toujours entre la cause et ce qu'elle affecte [...] les lacunes ininterprétables* [ont] *un sens même s'il n'appar*[aît] *pas ; là, même plus que dans le discours conscient, les intentions fourmillent et rien n'est dit en vain [...] Et quand le sujet trébuche, c'est qu'il accuse la fêlure par laquelle se sont unis deux éléments choquants entre eux et, de manière invisible, dans la résistance ».*[1] Ainsi, on a vu apparaître et disparaître pour reparaître, clignoter de manière périodique une figure que le manuel n'évoque, pour ainsi dire, pas, sinon dans une collection ou par comparaison : le signifiant de la fonction paternelle reste une chaise vide du discours du livre de lecture. Dans la réalité, on le sait, le père est occupé au travail d'impôt et n'assure par conséquent pas sa tâche nécessaire de médiation culturelle. L'enfant éprouve en conséquence doublement l'absence du père, comme sujet de défaite et comme être de démission. Manque dès lors dans sa construction psychique la case de la projection, en place de quoi supplée comme elle peut l'image de l'identification, qui ne peut suffire à l'élaboration du symbolique. Or, rappelle Kremer-Marietti, « *la métaphore paternelle se trouve au centre de la psychanalyse lacanienne [...] L'intersubjectivité paranoïaque n'est pas sans analogie avec la mise en question du sujet dans son existence. En effet, dans le jeu des signifiants, le sujet entre comme un mort tandis que les trois signifiants constituent le triangle père-mère-enfant structurant déjà dans le futur les trois instances du Surmoi, du Moi idéal et de la réalité qui les concerne ».*[2]

S'il entre comme mort dans ce système de relation, le sujet va advenir en investissant de façon imaginaire l'objet du désir de la mère, le *phallus* auquel il cherche à s'identifier. Le phallus *joue chez les deux sexes le rôle de pivot du procès symbolique. Aussi le troisième terme du ternaire imaginaire est-il l'image phallique évoquée par la métaphore paternelle. Et Lacan donne l'algorithme expressif :*

Nom-du-Père   Désir de la mère   A
           Nom-du-Père ( )
Désir de la Mère   Signifié au sujet   Phallus

La métaphore du Nom-du-Père substitue ce Nom à la place symbolisée par la signification phallique ou par la fonction du phallus : là même où le Père fait défaut, son signifiant est présent [...][3]

On a compris que nous ferons peu de cas de l'Oedipe, puisque le père originel ne peut être un obstacle réel à la projection du moi. La tradition, qui est la métaphore du Nom-du-Père, a été mise à mal dans la guerre coloniale. Mais la signification phallique restée invariante, la fonction du phallus doit être assurée. Aussi bien l'École s'institue à la place vacante pour satisfaire le désir de la mère, c'est-à-dire construire l'imaginaire du sujet. Principe de réalité, en tant simplement qu'elle incarne la Loi nouvelle, l'École est identifiée par l'enfant au désir de la mère, par quoi elle devient aussi principe de plaisir. Cette concentration de tous *objets* dans un même appareil exogène signe la destitution de la famille originelle dans le procès de formation du sujet scolaire. On se rappelle que l'ébranlement de l'identification au désir de la mère supprime, dans le cas Schreber, le trépied imaginaire structurant : *« dès lors, Schreber, 'faute de pouvoir être le phallus qui manque à la mère', deviendra 'la femme qui manque aux hommes' sans y réussir, toutefois, et pour finir dans la propitiation ou la réconciliation avec Dieu »*.[4] L'application du cas Schreber à la logique du proverbe toucouleur donne à lire les transpositions suivantes : *le singe, faute de pouvoir comme son père grimper à l'arbre*, va identifier sa queue à l'objet de son incapacité et laisser cette queue traîner par terre à la merci des termites qui s'en donnent à coeur joie ; de même, *faute de pouvoir être un second son père, l'enfant toucouleur* va aller à l'école sans jamais réussir, toutefois, à être reconnu comme son égal par le Blanc, et pour finir dans la dépendance du mythe qu'il idéalise.

Fiction théorique d'une liaison - déliaison recommencée : Le syndrome a.c.i.d.

On sait ce qu'implique le va-et-vient quotidien de la case à la maison d'école et inversement. En se référant à la définition de *l'événement* comme ce qui est *« indice d'un effacement périodique dans la conscience »*, et se fonde sur le retardement, l'occasion et la différence, on voudrait construire la *fiction théorique* du conglomérat de motifs que dessine cette *liaison et déliaison*[5] recommencée avec les régimes de l'origine et de la projection. Cette fiction, on essaiera de la figurer dans le respect de *« la polarité économique différentielle »*[6] des motifs qui interfèrent sans qu'on puisse toujours les distinguer, moins encore les hiérarchiser dans un ordre de succession, parce que la conscience veut bien les voir dans le moment même où l'appareil psychique de défense désire ne pas les avoir vus et, comme le précise J.-M. Rey, *« puisque toute forme d''événement' ne se prête à la lecture que par ses effets d'après-coup, que par les suppléments de 'signification' qu'il acquiert une fois produit, c'est-à-dire une fois effacé et perdu »*.[7] Car il s'agit d'expliquer comment a pu se produire ce qui n'était qu'une série d'hypothèses concessives, données pour absurdes, c'est-à-dire impossibles, mais conséquentes logiquement en cas de réalisation : *« Même si ... que pourtant ... ne ... pas »*, prescrit le proverbe. Quel *événement* a dû déclencher le système de la série improbable qui, une fois mise en marche, aboutissait nécessairement à la pulvérisation de la queue du singe ?

Une note de fin d'article des auteurs de *Vocabulaire de la Psychanalyse* a retenu notre attention : « *on pourrait*, signale-t-elle, *concevoir une nosographie psychanalytique qui prendrait comme un de ses axes majeurs de référence les modalités et les avatars du complexe de castration, comme l'attestent les indications que Freud a données vers la fin de son oeuvre, sur les névroses, le fétichisme et les psychoses* (voir : Déni) ».[8] L'importance de cette proposition tient à ce que Freud ne privilégie en dernière analyse que deux axes de complexes : l'Oedipe et la castration qui structurent la personnalité psychique des deux sexes. Or, plus que l'Oedipe, la castration procède de la logique de *l'événement* qui ne se lit qu'après coup. J.-M. Rey, parcourant Freud, fonde l'hypothèse suivante :

> C'est sans aucun doute aux points de rencontre de la « logique » spécifique du substitut [...], des implications immenses de ce qui se joue dans l'Umheimliche (l'étrange-familier c'est-à-dire ce dont aucun concept ne peut inscrire le « noyau » de sens), du « fait » de castration [...] et enfin de l'économie de la mort dont la «pensée» n'est qu'un des aspects (sans doute mineur), c'est dans les interférences de ces stratifications qu'une logique de l'« événement » pourrait s'induire : dans la mise à distance (effectuée textuellement par Freud) de toute emprise topique, hors de tout calcul, c'est-à-dire dans la perte interminable de ce qui se produit, suivant un certain régime de la « répétition » [...][9]

Le quadruple caractère instable, indatable, innommable et cependant indéniable de l'événement qu'on peut induire de son retentissement même, autorise, nous semble-t-il, amplement l'inscription des lettres de la blessure imaginaire de l'enfant scolaire que nous consignons sous la forme d'un syndrome : A.C.I.D., dont la base théorique veut noter la constitution d'une liaison de symptômes (angoisse, infériorité), qui diffusent de façon irrégulière et incertaine des complexes (Castration, Dépendance) qui les arment, selon les deux variétés de la combinaison, à travers le faisceau de l'appareil psychique : soit par *« la concurrence d'entités simultanées »*, soit par *« la concaténation d'entités successives »*.[10]

La conception d'un tel syndrome vise à rendre compte de l'effondrement de la personnalité de l'enfant scolaire, *singe qui n'est pas tel que son père pour ce qui est de pouvoir grimper*, comme de l'improductivité générale de l'adulte sorti de l'enfant : *sa queue* se trouve *rongée à terre par les termites*. L'instabilité du syndrome fonde sa capacité d'extension à l'infini *(« à distance... de toute emprise topique, hors de tout calcul »)*, son ouverture à des combinatoires variées fonction de la polarité et de la surdétermination intra et intersubjective de chaque personnalité ou groupe de personnalités. Aussi ne propose-t-on qu'à titre indicatif le spectre de paradigmes d'affects suivant :

    Amnésie
    Angoisse
    Ambivalence
    Autisme
    Castration
    Culpabilité
    Clivage
    Inhibition
    Infériorité
    Insécurité
    Dépendance
    Différence
    Dépression
    Destruction
    ....

Si l'on ajoute les phénomènes de latence, de manifestations indécidables, de compulsion de répétition, de système d'équivalence, d'équilibre, de rupture, de réversibilité, on peut reconnaître que *« la prise du Symbolique sur l'humain est telle que l'Imaginaire s'accomplit normalement dans le Symbolique »*[11] ici, comme là.

Syntonie primitive de l'enfant de village et surdétermination de l'angoisse en milieu scolaire

En même temps que des applications générales de notre modèle, un essai de concordance de certains affects avec les descriptions d'observateurs attentifs pourrait éclairer utilement. André Terrisse, citant les auteurs qui reprochent à l'enfant africain d'être syntone de son environnement naturel, le justifie par la dépendance normale du sujet à l'égard d'un univers où il est accordé et protégé contre les agressions extérieures :

> Il est évident que l'Africain s'harmonise avec l'Afrique, pour la seule raison que cette ambiance est « son » milieu naturel. Il est certain cependant que, vivant plus près de la nature, se mesurant chaque jour à elle, l'Africain n'a pas encore perdu cette harmonie profonde « homme-nature », que le petit Européen cherche à reconquérir grâce au scoutisme par exemple [...] Mais il est un autre aspect plus grave de cet accord avec le milieu. L'enfant tout comme l'adulte, appartient à un système collectif de pensées, de croyances, d'obligations, de droits et de devoirs hiérarchiques, de sentiments, système auquel il est parfaitement accordé. De ce fait, il est souvent délivré du souci de choisir, dépersonnalisé, dépendant.[12]

O. Mannoni corrobore ce point de vue en se référant à *Noirs et Blancs en Afrique* de D. Westermann ; ses indications ont l'avantage de décrire la situation précoloniale et, pour ainsi dire, originelle de l'Africain :

> L'Africain [...] n'a pas d'infériorité parce qu'il sait sur qui il peut compter. Mais les personnes dont il dépend (sur qui il compte) sont ses égaux et non ses supérieurs. Cela explique son air ouvert et « plaisant » [...] Cela tient vraisemblablement à l'organisation par tribus et classes d'âge qui assure la sécurité par la cohésion des individus placés sur un même plan. C'est pour cela sans doute aussi que les ancêtres sont des souvenirs.[13]

Il s'agit là d'une conception positive de la dépendance, *« image de la relation de l'enfant au père et à la mère »*, situation dans laquelle *« l'enfant est logé entre l'autorité redoutée du père et la protection aimée de la mère ».*[14] Et le confort impliqué par cette position justifie qu'une régression ou une fixation à ce stade intermédiaire puisse être la parade de l'appareil psychique à une agression exogène qui menace de détruire l'image du Moi. On se rappelle, en effet, que le Moi est un constant compromis entre les deux principes de plaisir et de réalité, et qu'il préfère souvent renoncer à un plaisir immédiat dont la sanction pourrait être un déplaisir, en vue de s'assurer le plaisir simple de sa propre conservation.

L'angoisse peut consister dans le signal d'alarme que le système d'antennes de l'appareil psychique lui communique ; ce peut être aussi l'angoisse automatique, qui est le réflexe de l'organisme à une situation traumatique ou à sa répétition. Ce peut enfin être la situation de détresse de l'organisme *« devant un danger extérieur qui constitue pour le sujet une menace réelle ».*[15] A. Terrisse signale la détresse du jeune enfant qu'on mène en classe, et souhaite que le jour de rentrée corresponde à une cérémonie initiatique comme en pratiquent généralement les Noirs, afin d'en réduire les facteurs anxiogènes nuisibles à la régularité autant qu'aux performances scolaires :

> Ce jeune enfant angoissé que l'on amène parfois contre son gré, il faut qu'au seuil de l'école il se sente accueilli, aidé, soutenu, aimé. Le jour de la rentrée devrait être un jour de fête.
> Dans un local décoré et fleuri, les anciens élèves sous la conduite des maîtres organiseraient l'accueil des nouveaux. On sait l'importance des initiations et des cérémonies dans la vie des sociétés africaines.[16]

La réitération de l'expérience transforme cette angoisse primaire en angoisse automatique avec son corollaire qui réside, après l'école, dans le retour à la case paternelle que l'enfant vit en termes de trahison du père, de la mère (angoisse d'objet qu'on ne sépare que par souci de méthode de l'angoisse de la mort).

Aspiration scolaire et polarité de la castration

La castration représente la forme la plus aiguë de l'état anxiogène. Elle figure, avec l'angoisse, une entité susceptible de se constituer en réserve, en latence et, par conséquent, de surdéterminer les différents affects de façon imprévisible. Parce qu'elle appartient à la catégorie des fantasmes originaires, outre la blessure narcissique suite à la prévalence du phallus, la castration se retrouve dans les différentes situations de perte, de séparation de l'objet narcissiquement valorisé et dans les diverses expériences vécues sur le mode de la réalité ou de l'imaginaire :

> Le complexe de castration doit être référé à l'ordre culturel où le droit à un certain usage est toujours corrélatif d'une interdiction. Dans la « menace de castration » [...] vient s'incarner la fonction de la Loi en tant qu'elle constitue l'ordre humain.[17]

Il s'agit ainsi d'un complexe universel, dominant dans le contexte de l'École, puisqu'il norme la circulation des biens et motifs culturels et conditionne les rapports de force en présence dans le corps social. Alors que l'angoisse, comme symptôme inducteur, peut surdéterminer sentiments et attitudes, la castration, parce qu'elle structure la personnalité générale, concourt en outre à polariser les différents affects. Aussi bien sa fonction à l'école étrangère est éminemment symbolique, quand elle ne serait pas simplement capitale suivant Roland Colin :

> Les instituteurs blancs, écrit-il, à la différence des maîtres d'initiation noirs, vont pratiquer la violence symbolique. En effet, la violence physique dévoilerait en clair la nature des rapports sociaux nouvellement institués, si on la mettait en relation avec le discours civilisateur [...] Il est capital, dans ce processus, d'effacer la mémoire culturelle des origines, car elle permettrait de mesurer le décalage et la contradiction entre les nouveaux objectifs sociaux et les anciens, et donc d'évaluer la façon dont ces objectifs sont remplis et vécus, leurs effets sur les hommes auxquels ils s'appliquent. La lutte contre la langue maternelle permet de couper les communications avec les bases arrière dans cette impitoyable campagne d'asservissement.[18]

Amputé de la source vitale de la communauté, le sujet sûr de lui jusqu'alors, confronté à la faculté de choisir entre des valeurs en conflit, se trouve au départ dans une situation d'insécurité objective dont l'enjeu est son système intrasystémique (le Moi), lequel, à quelque mécanisme de défense qu'il recoure, subit une altération qui subsistera

comme automatisme anachronique (distorsion, limitation) longtemps après que la cause matérielle aura disparu. Terrisse évoque, par exemple, la démoralisation et l'autisme :
> Séparé de cette ambiance qui à la fois le soumet et le porte, l'enfant ne reçoit plus ni la force ni le frein de la collectivité ; d'une part il est désorienté et troublé, démoralisé et désocialisé, d'autre part, contraint de subsister inhabituellement sur ses propres ressources, il se concentre vers le monde intérieur, et se réfugie vers une pensée purement autistique, préjudiciable à l'enseignement.[19]

Outre l'autisme, l'entrée par la castration symbolique comme initiation à la Loi—qui sera renouvelée autant de fois que possible et nécessaire —, peut déclencher comme mécanisme de défense du Moi son clivage, par la *« coexistence au sein du psychisme de deux groupes de phénomènes, voire de deux personnalités qui peuvent s'ignorer mutuellement »*,[20] soit du fait d'une faiblesse associative primaire que certains auteurs nomment schizophrénie ; soit du fait d'une attitude *« qui, sous l'influence des pulsions, détache le moi de la réalité »*,[21] et que Freud appelle le déni. Le fétichisme, qui constitue le mode de résorption du déni de castration, va se traduire dans la création par le sujet d'un substitut du pénis de la femme, sans que pourtant disparaisse la conscience correcte de son manque. Il s'agit de la tendance—signalée par nombre de coloniaux—des écoliers indigènes à affecter un savoir mal maîtrisé qui masque une ignorance profonde et dénote le manque de véritable savoir. Le gouverneur général Clozel le signale en 1917 dans la préface d'*Une Conquête morale* de G. Hardy :
> En distribuant notre enseignement aux primitifs, nous sommes arrivés trop souvent à développer chez eux un verbalisme pompeux et ridicule, à meubler leur mémoire de formules qu'ils

emploient sans les entendre comme les conjurations magiques d'un fétichisme nouveau : à faire trop souvent, en somme, des niais vaniteux, incapables [...]

Entrée dans l'infériorité

Autant cette appropriation délirante du savoir du livre—considérée par Mannoni comme le moindre mal—que, faute de trépied, la remise en question générale du sujet dans son être participent d'un processus dont le propre *« est de ne pas aboutir à la formation d'un compromis entre les deux attitudes en présence, mais de les maintenir simultanément sans qu'il s'établisse entre elles de relation dialectique »*.[22] Mannoni mentionne, dans l'acception adlérienne, l'absence d'infériorité de l'Africain qui n'entre pas en conflit avec l'objet dont il épouse au contraire la forme structurante dans une assomption glorieuse de la réciprocité. Ainsi le singe évolue à l'aise dans son cadre natal, entouré de ses objets familiers, jusqu'au jour où l'étranger lui signifie qu'il n'est qu'un singe. Alors le singe apprend qu'il y a une tare à être singe. Il se sent humilié et coupable, néglige la leçon paternelle et laisse traîner à terre sa queue que les termites rongent. Désormais son équilibre dépend de l'homme étranger, et de lui seul. Mais l'homme semble se faire désirer et l'attente se prolonge. Aurait-il perdu la clef du code ? A-t-il même jamais su le mot de l'énigme qui peut changer un singe en homme ?

En attendant la réponse à ces interrogations décisives, et faute d'être un bon singe, notre primate va se charger de singer l'homme. En témoigne ce texte symptomatique de Gaston Joseph intitulé *« Les Dépenses inutiles »* dans le chapitre 30 *« Les Qualités, les Défauts »* de *Mamadou et Bineta sont devenus grands*[23], lequel sera remplacé dans la version finale par *« La Friponnerie dévoilée »*. Cette satire à base de clichés grossiers est la dénonciation caricaturale de comportements mimétiques, conséquences de l'effet de démonstration et d'entraînement dont est victime le Noir urbain, en porte-à-faux entre son analogue de la brousse et l'homme blanc qu'il *copie trop exactement et gauchement*. C'est un exemple typique de mentalité extravertie, à la fois centrifuge et négative, alimentée à la source des magazines qui font la réclame des biens de consommation occidentaux perçus comme seuls valorisants par l'Africain en mal d'être homme. Sa suppression, paradoxale en apparence, en 1952, peut sans doute s'expliquer par le caractère injurieux de la caricature, mais surtout par les phénomènes éventuels d'inversion et de démobilisation économique du rire jaune qu'il était susceptible d'induire. Nous le sauvons du naufrage de la *révision culturelle* à l'aide du tableau sans commentaire, où le soulignement essaie simplement de relever la valeur emblématique du *morceau choisi*.

« Les dépenses inutiles »

Principes de fonctionnement du syndrome et modèles de dépendance

Sans aller jusqu'à l'établissement d'un typologie, qui ne serait que théorique, des cas d'échec de l'enfant scolaire, il est possible néanmoins d'essayer, à partir de certains modèles opératoires, de dégager les principes de fonctionnement du syndrome A.C.I.D. On peut ainsi supputer qu'une personnalité sera d'autant plus susceptible de *dépendance* qu'elle aura fait, pour surmonter l'insécurité latente, fonctionner le mécanisme du *clivage*, lequel, sous la menace de castration, la mènera à l'*amnésie*. La même personnalité se fût, au contraire, sentie simplement *différente* si elle avait dû convertir le fait de castration en *infériorité* surmontable par le recours à l'*ambivalence* ; le problème crucial consistant naturellement à disposer dans ce cas d'un appareil psychique assez puissant pour faire face, sans ébranlement, aux vagues successives de la mer démontée. Entre ces deux cas extrêmes de conduites négative et positive, des situations intermédiaires sont concevables. Une personnalité surdéterminée par l'*angoisse*, vivant la menace sur le mode du *clivage*, interpréterait l'*improductivité*, comme Samba Diallo, en termes de *détresse*, à cause du tiraillement des sollicitations contradictoires et simultanées dont elle serait le siège, tout comme celle qui réaliserait la concaténation de l'*ambivalence*, de la *culpabilité* et de l'*inhibition* déboucherait sur l'impasse *dépressive*... etc.

On observe dès lors qu'à l'exception du cas de figure fort improbable de la différence, les concrétisations éventuelles de l'enfant scolaire se résorbent, soit en ébranlement, soit en effondrement de la personnalité, inducteurs de dépendance. Adler signale le profit que le sujet réel peut escompter d'une position, inconfortable en apparence, pour la sauvegarde de son appareil psychique :

> Dans tous les cas d'échecs, la position à part que l'individu se réserve est facile à voir ; une position privilégiée, qu'il paye parfois par des souffrances, des plaintes, des sentiments de culpabilité, sans pourtant que cela le fasse bouger de sa place, qui par manque d'une préparation au sentiment social lui paraît offrir un alibi irréfutable lorsqu'il affrontera la question : « Où étais-tu donc lorsque Dieu partagea le monde ? »[24]

Mais en tenant compte même de la conduite de différence, qui n'est réalisable théoriquement que par la référence à l'ambivalence de l'objet (l'École et le système villageois étant regardés comme un bien et un mal concurremment), ces diverses réalisations impliquent à travers l'amnésie ou l'autisme, le clivage ou la culpabilité, l'inhibition, la dépendance et les effets variables d'interférence, d'équivalence, de latence, de compulsion évoqués, une surinterprétation du Symbolique par rapport à l'Imaginaire réduit à sa plus simple expression.

Or, rappelle Kremer-Marietti dans le sillage de Freud et de Lacan :

> Absente, la métaphore paternelle va creuser le trou profond qu'elle aurait dû combler et elle donnera à voir dans l'Imaginaire ce qui aurait dû se poser dans le Symbolique ; émasculation imaginaire que Schreber traduit par féminisation, mais l'idée du manque est ce qui obnubile Schreber et devenir femme, « ce n'est pas pour être forclos du pénis, mais pour devoir être le phallus » (Lacan). La cascade des remaniements du signifiant suit le défaut du Nom-du-Père, faute du prestige du Père dans la promotion de la Loi. Les empiétements et les glissements ne se comptent plus.[25]

Si l'on admet la *représentation* comme un compromis entre les deux principes de plaisir et de réalité du Moi, ces empiétements et glissements incomptables, chargés pourtant de servir de pivot à l'édifice de la personnalité, vont seulement valoir comme autant de *tenant lieu* de réalité successifs, instables et insatisfaisants :

> C'est dans cet angle que la dimension du « commencement » (Anfang) vient suppléer, sur un mode négatif d'ailleurs, celle de l'« origine » : mouvement qui se parachève, à la fin du texte de la Verneinung, par la mise en oeuvre de la mort ; plus exactement [...] la stratégie périodique de la « pensée » dans le répit qu'elle fournit aux représentations, la différence apparente du « substitut » (Ersatz) et de l'« effet conséquent » (Nachfolge)[26].

Mort imaginaire du Père et substitution du commencement à l'origine

En effet, réussir à l'école consiste dans tous les cas, pour l'enfant scolaire, à avaliser et/ou à reconduire le discours du livre qui postule la rupture avec *l'origine* d'abjection, pour un *commencement* qui confine, quand il n'aboutit pas irrévocablement à la mort, mort imaginaire du Père, seule susceptible d'assurer le triomphe de *l'alliance nouvelle*. L'enfant scolaire qui réussit dans ses études a, même à son insu, rêvé la mort du Père, comme élément de sa stratégie. Car il aura bien fallu, quelque part en lui, que l'origine lui apparaisse inacceptable pour qu'il *désire* gravir la colline afin, un jour, de pouvoir déserter la campagne pour la ville félonne. Les promus de l'école, qui protesteraient de leur bonne foi, n'auront qu'à consulter le cas de (dé)négation de *l'homme aux rats* :

> il avait pensé, étant enfant, qu'il obtiendrait l'amour d'une petite fille à condition qu'un malheur le frappât : « ... l'idée qui s'imposa à lui fut que ce malheur pourrait être la mort de son père. Il repoussa aussitôt cette idée énergiquement ; encore aujourd'hui il se défend contre la possibilité d'avoir pu exprimer ainsi un 'désir'. Ce n'était là qu'une 'association d'idées'. —Je lui objecte : si ce n'était pas un désir, pourquoi vous dresser là contre ?—Simplement en raison du contenu de cette représentation que mon père puisse mourir » (4 a). La suite de l'analyse vint faire la preuve qu'il existait bien un désir hostile envers le père : « ... au premier «non» de refus vient s'adjoindre aussi une confirmation, d'abord indirecte » (4 b) [...]
>
> «Il n'y a pas de preuve plus forte qu'on a réussi à découvrir l'inconscient, que de voir réagir l'analysé par ces mots : « Je n'ai pas pensé cela » ou bien « je n'ai pas (jamais) pensé à cela » (5 a).[27]

Parmi les plus intraitables des négateurs se trouveront les sujets qui nient l'origine comme pour s'excuser d'être des Noirs : mieux que personne, ils auront assimilé la leçon de l'École par les textes. Ils nient avoir jamais souhaité la mort du Père parce qu'à leurs yeux cela ne se pouvait, le père étant déjà mort à leur naissance, laquelle se situe non pas à *l'origine* mais au *commencement*. En eux s'est opérée une interversion de *l'imago* et de la projection ; ce qui explique qu'ils se soient machinalement identifiés à la figure de la Loi nouvelle. Nous savons cependant qu'on ne fait pas impunément l'économie de la fonction structurante du signifiant paternel, lequel se venge à travers les symptômes-symboles. Pour avoir ainsi substitué le *Père* au Nom-du-Père, les nouvelles élites africaines ont frappé de déni l'Africain dans leurs personnes ; ces Noirs de jais sont devenus l'Autre pour eux-mêmes, à travers l'appropriation fétichiste du savoir du livre qui n'ouvre sur aucun pouvoir véritable, mais qui conduit à la dissociation et au délire.

On devine que pareille amnésie n'est pas susceptible d'être uniquement référée à une névrose maternelle par laquelle le sujet aura cru échapper à la folie. Il ne s'agit pas d'une simple fragmentation de l'Image de soi, mais de la dévastation radicale du corps dont un morceau flotte au loin dans le naufrage océanique. Gisela Pankow, dans *L'Homme et sa Psychose,* écrit :

> Par le terme de dissociation je définis la destruction de l'image du corps telle que ses parties perdent leur lien avec le tout pour réapparaître dans le monde extérieur. C'est cette absence de lien entre le dedans et le dehors qui caractérise la schizophrénie ; il n'y a pas de chaînes d'association permettant de retrouver le lien entre les débris de tels mondes détruits.[28]

Si Freud décide que l'absence de dialectique empêche le psychotique de lier les morceaux disloqués du Moi, la praticienne—dont on s'autorise avec d'autant plus de grâce ici qu'elle a conduit la cure de cas de Noirs d'Afrique—croit au contraire que cela reste possible à travers la double phase de la psychothérapie qu'elle inaugure : celle-ci vise ce qu'elle nomme la *« structuration dynamique de l'image du corps »*.[29] On sait que la queue du singe, organe nécessaire d'équilibre pour grimper à l'arbre, s'est trouvée sectionnée par les termites. Cela représente la destruction d'une partie de l'Image du singe, l'abolition de tout lien entre la queue et l'ensemble du corps. Il ne subsiste plus aucune dialectique même d'opposition, car cette partie de soi non seulement ne conserve nulle liaison avec le tout, mais elle n'est même plus reconnue comme partie longtemps avant d'être entamée à terre par les termites.

Éléments pour une éventuelle récollection de l'Image du Moi

Il s'agira donc pour Gisela Pankow de *«tenter d'apporter de l'extérieur [...], de « greffer » ce qui semble n'être jamais venu à l'être* [à l'aide] *des médiateurs les plus divers [...] une image dynamique du corps ou d'une de ses parties, permettant de « déceler la faille dans l'image du corps et de la réparer »*.[30] La récollection se réalisera moins à travers le roman personnel, auquel le malade n'a plus accès, qu'à travers le roman familial :

> Lorsque la dissociation dans le monde spatial est réparée, le malade peut entrer dans son histoire et peut alors, éventuellement, entreprendre une psychanalyse selon la méthode classique qui implique une ouverture à la dimension historique de l'existence.[31]

La thérapeute distingue ainsi deux rapports de systèmes par rapport auxquels le corps se situe : par rapport à lui-même, le corps peut être *ressenti* par le sujet comme bon ou mauvais ; dans ses rapports avec autrui, le corps peut être ou non *reconnu*. Cela implique deux plans dans la dissociation psychotique : *« le trouble primaire dans la constitution du moi comme forme et le trouble patent dans la relation du sujet à la loi »*[32]. L'équilibre ou le divorce de la personnalité est chaque fois fonction d'une double dimension intrasystémique et intersubjective qui révèle la coexistence dans l'être de deux modalités dialectiques : entre soi et soi, entre soi et les autres. En ce qui concerne le psychotique, la dialectique qui subsiste sous l'enfouissement du naufrage, se rapporte à *« la corrélation des parties et de la totalité du corps »*.[33] Cette dialectique intrasystémique fonde l'image du corps, laquelle a, selon l'auteur, deux fonctions, l'une formelle, l'autre substantielle.

La première fonction a trait à la structure spatiale du corps. Comme *Gestalt*, elle permet de différencier le névrosé du psychotique, parce que l'un reste capable de reconnaître le *« lien dynamique entre les parties et la totalité »*[34] quand même son corps serait mutilé, là où le second n'est pas capable d'une telle reconnaissance. G. Pankow recourt à deux analogies pour illustrer cette distinction :

> **Nous parlons du** corps morcelé **du névrosé, corps qui peut sacrifier des parties sans perdre son unité** [à l'exemple de la] **sculpture de Zadkine :** Monument pour une ville détruite **où le personnage de bronze a l'intérieur de son corps détérioré. Malgré cette perte, l'unité de ce corps demeure.** [A l'inverse] **la sculpture de Zadkine**, le Narcisse **[...] a aussi perdu l'intérieur de son demi corps ; mais cet intérieur a acquis une existence propre et est devenu une totalité. Ainsi l'unité de la forme est détruite et nous pouvons parler d'un** corps dissocié.[35]

On a vu que le singe comme l'enfant scolaire manque d'objet de projection. « *Absente, la métaphore paternelle* [a creusé] *le trou profond qu'elle aurait dû combler* ». De là, les empiétements et glissements non comptables qui sont autant de remaniements successifs de l'introuvable représentation qui aurait dû servir de pivot à l'articulation du Moi au réel et autoriser, en conséquence, l'efficacité de ses diverses formes de concrétisation. A force de singer imprudemment l'homme qui n'a nul besoin de queue, le singe toucouleur, *Narcisse de la brousse* subit sa blessure. Il perd sa queue, pourtant indispensable à son équilibre quand il grimpe à l'arbre chercher les graines et les fruits pour se nourrir. La prévalence du phallus seule explique que dans sa folie il reste incapable de reconnaître le lien dynamique entre cette queue tombée et son corps qui ne peut décemment survivre longtemps à l'amputation.

Ici intervient la seconde fonction de l'image du corps, *« en tant que contenu et sens [...] représentation, reproduction d'un objet ou encore renvoi à autre chose »*.[36] G. Pankow se réfère à la méthode de psychothérapie analytique de la schizophrénie de M.-A. Sèchehaye, connue sous la dénomination de *réalisation symbolique* : *« il s'agit de réparer les frustrations subies par le patient dans ses premières années en cherchant à satisfaire symboliquement ses besoins et à lui ouvrir par là l'accès à la réalité »*. La technique consiste dans une forme de maternage au cours duquel la praticienne, faute de pouvoir donner le sein à Renée, comprend et cherche à satisfaire les besoins oraux de sa malade en lui offrant une pomme.

> La forme des pommes, constate G. Pankow, est reconnue comme forme du sein nourricier et s'inscrit dans la structure totale du corps. En même temps, la pomme comme objet devient autre chose qu'une partie du corps car l'objet désiré s'inscrit sur un autre plan que l'objet qui satisfait les besoins. La reconnaissance du sein nourricier que Renée ne peut plus avoir, donne

l'effet thérapeutique. Il s'agit donc de la reconnaissance d'un désir inconscient et non de la satisfaction de celui-ci.[37]

Cette surinterprétation, donnée comme supplémentaire par rapport à la relecture idéologique des manuels mêmes, visait à retrouver, par-delà la lettre implicite du conditionnement économique, la trace du palimpseste erratique où s'est inscrit puis effacé le chiffre incertain qui, cependant, surdétermine *le Narcisse* scolaire de Zadkine. On a cherché à remonter jusqu'à cette forme en creux qui gît, inerte, dans l'Océan du déluge inaugural, oubliée de notre personnalité, laquelle ignore le mal dont elle est frappée. Cela, afin d'aider ceux qui auraient encore la capacité d'en éprouver le besoin, à se poser la question décisive susceptible, sinon de les guider à travers le labyrinthe de la reconquête du Moi largement compromis, du moins de leur faire prendre conscience pendant qu'il est encore temps, de cette compromission qui ne correspond déjà plus aujourd'hui qu'à un fragile compromis entre le Moi et l'effacement périodique de la représentation, mais qui, pour leurs descendants qui ne bénéficieront plus de l'excuse d'avoir été *les enfants de Mamadou et Bineta*, pourrait correspondre au naufrage général d'un continent en dérive. En cette période de rétractation des nations du monde, l'intention est de pointer le coin où s'est inscrite, dans l'âme de l'enfant scolaire, la fatalité qu'il croit son lot et sa borne, afin d'inviter le Noir d'Afrique francophone à reprendre, en connaissance de cause, le chemin de la confiance en soi. Freud, qui y répugne dans ses écrits théoriques, ne consigne-t-il pas dans une lettre à Ferenczi cette leçon, qu'on voudrait proposer comme maxime ?

> Un homme ne doit pas lutter pour éliminer ses complexes mais pour s'accorder avec eux : ils sont légitimement ce qui dirige sa conduite dans le monde (5 c).[38]

Notes

1. Ouvr. cit., p.13.
2. *Id.*, p.17.
3. *Ibid.*
4. *Id.*, p.18.
5. Nous devons ce dérivé à un article intitulé « Les déliaisons dangereuses : du risque psychotique à l'adolescence », p.185-205 de la *Revue freudienne Topique* no.35-36 de mai 1985, sur les *Voies d'entrée dans la psychose*. Le titre de la présente section voudrait être une révérence à Raymond Cahn, l'auteur de cette description éclairante de l'*«état dissociatif et délirant»* du cas de Pauline, jeune métisse issue d'un père autocratique mais acculturé d'origine asiatique et d'une mère française assez légère. Le couple divorce et, à sa puberté, *« le sujet ne peut vivre son origine, son histoire que sur le mode de l'interdit, l'interdit de l'interroger, de le fantasmer »*, sauf à se conformer à la prothèse narrative que se plaquent et lui plaquent dessus ses géniteurs pudiquement. Mais cette histoire stimulante *est une autre histoire...*
6. J.-M. Rey : ouvr. cit., p.200.
7. *Id.*, p.204. Nous soulignons.
8. Laplanche et Pontalis : *Vocabulaire de la Psychanalyse*, p.78.
9. Ouvr. cit., p.205. Souligné dans le texte.
10. A. Kremer-Marietti fait procéder cette distinction de R. Jakobson (ouvr. cit., p.15). En soulignant qu'il s'agit d'une fiction opératoire, on pourrait justifier les lettres caractéristiques de cette blessure imaginaire de l'enfant scolaire, soit par un fait de paragrammatisme ayant pour référence le syndrome immunodéficitaire acquis (A.C.I.D. = inversion de SIDA—mental—) ; soit par un fait de sémantique floue rapportant la fonction symbolique de l'École à celle de l'agent corrosif par excellence (A.C.I.D. acide par apocope).

Outre l'anagramme (phonétique) et l'analogie (topique) qui motivent la morphologie des signes du syndrome, la syntaxe retenue pour noter l'agrégation des symptômes (A.I.) avec les complexes nucléaires (C.D.) permet de restituer leur dynamisme aux affects qui adviennent dans les topiques concurrents sous forme de « noyaux pathogènes » (Angoisse + Castration, Infériorité + Dépendance). Il ne faut cependant pas perdre de vue les phénomènes inévitables de polarité et de surdétermination, mais aussi de compulsion de répétition, de latence et de réversibilité qui fondent l'ouverture infinie du système sans laquelle une telle structure ne serait pas précisément un syndrome, c'est-à-dire, suivant Robert : un « ensemble bien défini de symptômes qui peut s'observer dans plusieurs états pathologiques différents et qui ne permet pas à lui seul de déterminer la cause et la nature de la maladie. »

11. *Id.*, p.33.
12. Art. cit., p.37-38.
13. Ouvr. cit., p.61.
14. *Ibid.*
15. *Vocabulaire de la Psychanalyse*, p.29.
16. Art. cit., p.38.
17. Laplanche et Pontalis : *Vocabulaire.*, p.78.
18. Art. cit., p.13.
19. Art. cit., p.38.
20. *Vocabulaire...* p.68.
21. *Id.*, p.70.
22. *Ibid.*
23. P..341-342.
24. *Le Sens de la Vie*, Payot, Paris, 1963, p.86.
25. Ouvr. cit., p.18.
26. J.-M. Rey, ouvr. cit., p.203.
27. *Vocabulaire...* p. 113-114.

28. *L'Homme et sa Psychose*, Aubier-Montaigne, Paris, 1969, Préface de Jean Laplanche, p.9.
29. *Ibid.*
30. *Id.*, p.9-10.
31. *Id.*, p.11.
32. *Id.*, p.12.
33. Ibid.
34. *Id.*, p.23.
35. *Ibid.* Souligné dans le texte.
36. *Ibid.*
37. *Ibid.* Souligné dans le texte.
38. *Vocabulaire...* p.14.

Aperçu bibliographique*

ADLER (A.). *Pratique et Théorie de la Psychologie individuelle*, Payot, 1961.

———. *Le Sens de la Vie*, Payot, 1963.

ALTHUSSER (L.). *Positions*, Éditions Sociales, 1976.

AUDECAM (Vol. ix). *Vers un nouvel ordre éducatif* ?, *Recherche Pédagogie et Culture*, no.49, sept-oct. 1980.

AUJOULAT (L.P.). « L'Orientation de notre politique scolaire face à l'évolution des pays d'outre-mer », in *Enseignement outre-mer*, no.4, déc. 1952, p.9-18.

BARETY (L.). « La Politique indigène de la France », in *La Politique coloniale de la France*, Alcan, 1924, p.69-93.

BOUCHE (D.). *L'Enseignement dans les Territoires français de l'A.O.F. de 1817 à 1920. Mission civilisatrice ou formation d'une élite* ?, Honoré Champion, 1975.

BOURDIEU (P.). *Ce que parler veut dire*, Fayard, 1980.

BRUNSCHWIG (H.). *Noirs et Blancs dans l'Afrique noire française*, Flammarion, « Nouvelle Bibliothèque Scientifique », 1983.

BULLETIN DE L'ENSEIGNEMENT EN A.O.F., no.47, avril-septembre 1921, no.50, avril-juin 1922, no.52, oct-déc. 1922, no.73, juil-déc. 1930, no.77, jan-mars 1932, no.78, avril-juin 1932.

---

* *Lorsque l'indication du lieu est omise, il s'agit, par convention, de Paris.*

BULLETIN DES MISSIONS T. XXIII, no.3, 3e trimestre 1949.

CAHN (R.). « Les Déliaisons dangereuses : du risque psychotique à l'adolescence », in *Topique, Revue freudienne, Voies d'entrée dans la Psychose*, no.35-36, mai 1985, p.185-205.

CHARLOT (B.). *La Mystification pédagogique. Réalités sociales et Processus idéologiques dans la Théorie de l'Éducation*, Payot, « Traces », 1977.

CHARTON (A.). « Rôle social de l'Enseignement en A.O.F. », in *Outre-Mer, Revue Générale de Colonisation*, Larose, 2e trimestre 1934, p.1-15.

COLIN (R.). *Systèmes d'éducation et Mutations Sociales, Continuité et Discontinuité dans les dynamiques socio-éducatives—Le Cas du Sénégal*, Thèse de Doctorat ès Lettres, Paris IV, 1977, (2 tomes).

COMMISSARIAT GENERAL, *Exposition coloniale Internationale de Paris*, S.E.G.M.C., 1931.

CONFERENCE AFRICAINE-FRANCAISE (Brazzaville, 28 jan—8 fév. 1944) Éditions du Baobab, Brazzaville, 1944.

CONFERENCE DES DIRECTEURS DE L'ENSEIGNEMENT DE L'AFRIQUE NOIRE Années 1950, 1951, 1955.

COQUERY-VIDROVITCH MONIOT (H.). *L'Afrique noire de 1800 à nos jours*, P.U.F., « Nouvelle Clio », 1974.

DAVESNE (A.). *Croquis de brousse*, Le Sagittaire, Marseille, 1942.

DURKHEIM (E.). *L'Évolution pédagogique en France*, P.U.F., 1969.

ENSEIGNEMENT OUTRE-MER (Bulletin de la Direction de l'Enseignement et de la Jeunesse du MINFOM) décembre 1952, 1954, 1955

ENSEIGNEMENT AU CAMEROUN (L'), no.1, 1952.

ETOUNGA MANGUELLE (D.). *Cent Ans d'Aliénation*, Ed. Silex, 1985.

_____. EXPOSITION COLONIALE INTERNATIONALE DE 1931.

_____. *L'Adaptation de l'Enseignement dans les Colonies*, H. Didier, 1932.

FANON (F.). *Peau noire, Masques blancs*, Seuil 1952.

_____. *Les Damnés de la Terre*, Maspero, 1976 (1ère édition, 1961).

FAYE (J.P.). *Théorie du Récit. Introduction aux « langages totalitaires »*, Hermann, coll. « Savoir », 1972.

FREUD (S.). *Malaise dans la Civilisation*, P.U.F., 1971, (1ère édition, Vienne, 1929).

_____. *Introduction à la Psychanalyse*, Payot, 1978.

FURET (F.) & OZOUF (J.). *Lire et Écrire. L'Alphabétisation des Français de Calvin à Jules Ferry*, éd. de Minuit, 1977, (2 tomes).

GADAMER (H.G.). *L'Art de comprendre. Écrits I. Herméneutique et tradition philosophique*, Aubier. Montaigne, 1982.

GIRARDET (R.). *L'Idée coloniale en France (1871-1962)*, La Table Ronde, 1972.

GRANDSIMON (J.). *Les Manuels scolaires*, Domat. Montchrétien, 1934.

GRIMAL (H.). *La Décolonisation de 1919 à nos jours*, Ed. Complexe, Bruxelles, 1985 (1ère édition, A. Colin, 1965).

HARDY (G.). *Une Conquête morale. L'Enseignement en A.O.F.*, A. Colin 1917.

Les deux routes. Conseils pratiques aux jeunes fonctionnaires indigènes, Ed. du Bull. de l'Enseignement en A.O.F., 7e année, no.40.

HISTOIRE MONDIALE DE L'EDUCATION, P.U.F., 1981, *t. III : de 1815 à 1945*

HISTOIRE MONDIALE DE L'EDUCATION, P.U.F., 1981, t. IV : *de 1945 à nos jours.*

IKELLE-MATIBA (J.). *Cette Afrique-là*, Présence Africaine, 1963.

KANE (C.H.). *L'Aventure ambiguë*, Julliard, 1961.

KREMER-MARIETTI (A.). *La Symbolicité*, P.U.F., 1982.

LABOURET (H.). *Colonisation, Colonialisme, Décolonisation*, Larose, 1952.

LACAN (J.). *Ecrits I*, Seuil, 1966.

_____. *Écrits II*, Seuil, 1971.

LAPLANCHE (J.) & PONTALIS (J.B.). *Vocabulaire de la Psychanalyse*, P.U.F., 1967.

LAURENS (A.). « Deux réponses à la question coloniale », *Le Monde* des 28-29 juin 1987, p.5.

LAYE (C.). *L'Enfant noir*, Plon, 1953.

LECLERC (C.S. SP. R.). « Problèmes scolaires en A.E.F. », in *Bulletin des Missions*, no.3, 3e trimestre 1949, p.156-167.

LIRE (Magazine), no.44, avril 1979.

MACAIRE (F.) & FLAVIEN (F.). *L'Éducateur dans les Écoles africaines et malgaches (Réflexions, Conseils, Souvenirs)*, Ed. St Paul, Issy-les-Moulineaux, 1969.

MANNONI (O.). *Psychologie de la Colonisation*, Seuil, « Esprit », 1950.

MARCHAND (Cl.). *La Scolarisation française au Cameroun (1920-1970)*, Thèse de Doctorat, Université Laval, Québec, 1975, (2 tomes).

MARTIN (J.Y.). *Différenciation sociale et Disparités régionales : le Développement de l'Éducation au Cameroun*, UNESCO, I.I.P.E, Paris, 1978.

MARX (K.) & ENGELS (F.). *Critique de l'Éducation et de l'Enseignement*, Maspero, 1976.

MBALLA OWONO (R.). *L'École coloniale au Cameroun - Approche historico-sociologique*, Imprimerie Nationale, Yaoundé, 1986.

MBARGA (H.B.). *Problèmes africains de l'éducation, (précédé de l'étude du cas du Cameroun)*, Hachette, 1962.

MONOD (J.L.). *Premier et Deuxième Livret de l'Écolier noir*, Delagrave, 1949 et 1948.

MOURALIS (B.). *Essai sur le Statut, la Fonction et la Représentation de la Littérature négro-africaine d'expression française*, Thèse de doctorat d'Etat ès Lettres, Lille III, 1978, 1981.

NATIONS-UNIES. *Résumés et Analyses des Renseignements transmis au Secrétaire Général au Cours de l'année 1953*, New York, 1954.

ORTIGUES (M.C. et E.). *Oedipe africain*, Plon, 1966.

PANKOW (G.). *L'Homme et sa Psychose*, Aubier-Montaigne, 1969.

PERETTI (A.). « D'une psychologie de la colonisation », in *Colonisation et Conscience chrétienne, Recherches et Débats*, Cahier no.6, Arthème Fayard, déc. 1953, p.95-128.

PEUPLES NOIRS—PEUPLES AFRICAINS, no.10, juil-août 1979.

PLENEL (E.). *La République inachevée—L'État et l'École en France*, Payot, 1985.

RENAN (E.). *La Réforme intellectuelle et morale*, Ed. Lévy, 1871.

REPUBLIQUE FRANCAISE. *Arrêtés et Circulaires concernant l'Organisation de l'Enseignement*, Imprimerie du Gouvernement, Yaoundé, 1930.

REY (J.M.). *Parcours de Freud*, éd. Galilée, 1974.

RICCI (F.) & BRAMANT (J.). *Gramsci dans le Texte*, Éditions Sociales, 1975.

RICHARD-MOLARD (J.). *Afrique Occidentale Française*, Berger-Levrault, 1949.

ROYAUME-UNI (UNESCO-BIE). *Colonial Office*, no.186, London, 1944.

RECOMMANDATIONS

(1934-1968), Palais Wilson, Genève.

no.28 : « L'Enseignement de la Lecture », 1949.

no.48 : « L'Élaboration, le Choix et l'Utilisation des Manuels de l'Enseignement primaire », 1959.

SARRAUT (A.). *La Mise en valeur des Colonies françaises*, Payot, 1923.

SENGHOR (L.S.). *Ethiopiques*, N.E.A., Dakar Abidjan, 1974.

TERRISSE (A.). « Les Manuels scolaires dans la F.O.M. », in *Éducation africaine*, no.1, 1949, p.40-44.

_____. « Contribution à une bibliographie des ouvrages et outils traitant de l'enseignement en A.O.F. », *Éducation Africaine*, no.2, 1949, p.7-12.

_____. « Problèmes psychologiques de l'école primaire en A.O.F. », *Éducation Africaine*, no.3, 1950, p.36-38.

TREZENEM (E.) & LEMBEZAT (B.). *La France Équatoriale et le Cameroun*, SEGMC, 1950.

UNESCO. *Conférence des États africains, sur le Développement de l'Éducation en Afrique* (Addis-Abeba, 15-25 mai 1961) Paris, 1961.

Réunion des Ministres de l'Éducation des Pays d'Afrique participant à l'exécution du Plan d'Addis-Abeba— Rapport final (16-30 mars 1962), Paris, 1962.

VAAST (P.). « Nécessité d'une pédagogie africaine », *in L'Enseignement au Cameroun*, no.1, 1952, p.9-12.

VIDEROT (T.). *A la recherche d'une personnalité négro-africaine*, Ed. Regain, Monte-Carlo, 1960.

WEULERSSE (J.). *Noirs et Blancs à travers l'Afrique nouvelle de Dakar au Cap*, A. Colin, 1931.

www.ingramcontent.com/pod-product-compliance
Lightning Source LLC
Chambersburg PA
CBHW021401290426
44108CB00010B/331